EL ASESINO SILENCIOSO: LA DIABETES

D.R. © Lolita de la Vega

www.lolitadelavega.tv

lolitadelavega@gmail.com

Fotografía: Luis de la Rosa Tible, Ken Marcus

Cuidado de la edición: Gilda Castillo

Diseño de portada: Byron Muller® Grupo Creativo

www.byronmuller.com

D.G. Guillermo D. Escamilla Peñaloza

Edición, diseño de interiores y producción:
Pinacoteca 2000, S.A. de C.V.
Francisco Sosa 102, Barrio de Santa Catarina
04000, Coyoacán, ciudad de México

ISBN: 978 607 7528 11 1

Lolita de la Vega

EL ASESINO SILENCIOSO:

LA DIABETES

sanofi aventis

La Salud es lo esencial

GRACIAS A LA VIDA QUE ME HA DADO TANTO...

*A mi padre, orgullo e inspiración de mi existencia quien, más allá de la muerte,
     sigue viviendo en mí.*

A mi madre, por su cariño, solidaridad y amorosa paciencia.

*A mis amadas hijas Yoyis y Susu, por haberme dado el mejor de los regalos:
     Mis seis hermosos nietos.*

*A Walter, mi marido, por recorrer amorosamente el camino de los últimos diez años,
     a mi lado.*

*A mis cuatro ángeles de la guarda, mi eterna gratitud: Al doctor Ángel Papadópulos,
     al doctor José Roberto Ahued, al doctor Sergio Rovner y al doctor Javier Castellanos.*

*A Ricardo Salinas y a Rogerio Azcárraga, por permitirme formar parte, orgullosamente,
     de la gran familia Azteca y Fórmula.*

*A mis jefes directos, Jorge Mendoza y Tristán Canales por su invaluable respaldo
     a lo largo de muchos años.*

*A Martín Luna, amigo como pocos, ejemplo de lucha y decisión, en sus primeros veinte
     años en Grupo Salinas.*

*A mi entrañable ahijada, María Elena Orantes, y a Francisco Mendoza, ya que gracias
     a su extraordinario apoyo, este segundo hijo literario mío, es hoy una realidad.*

*A mis compañeros conductores de Grupo Fórmula, ya que gracias a su sensibilidad
     y talento, cumplimos once años de transmisiones ininterrumpidas.*

A mis amigos, todos, que Dios me los bendiga siempre.

Al hijo que me hubiera encantado tener: Alfonso Navarrete Prida

A mi querido estado, Chihuahua, tierra de hombres y mujeres valientes, nobles y leales.

A todas aquellas personas que así como yo, tienen como compañera de vida a la diabetes.

¿Qué hacer? Algo. Cualquier cosa.
Excepto quedarnos sentados. Si nos equivocamos,
comenzar de nuevo. Probar otra cosa.
Pero si esperamos hasta estar satisfechos
y tener todas las certezas,
puede que sea demasiado tarde.

LEE IACOCCA

CONTENIDO

�֎

PRESENTACIÓN

JUAN CARLOS VALDÉS MARTÍN DEL CAMPO

DIRECTOR GENERAL DE SANOFI-AVENTIS

En la actualidad, la salud ocupa un lugar esencial en la vida de todos los mexicanos. Hace sólo algunas décadas, las enfermedades infecciosas afectaban la calidad de vida y ocasionaban la muerte de niños, jóvenes y adultos a lo largo del territorio nacional. La salud es un factor fundamental para el desarrollo de la sociedad, el crecimiento económico y la trayectoria histórica de una país. La falta de salud —enfermedad— tiene un impacto que afecta a toda nuestra familia debido a que, en la mayoría de las ocasiones, nuestros seres queridos sufren una devastación emocional que impacta tanto en lo económico como en el ámbito familiar.

Sanofi-aventis ha trabajado con las autoridades, los profesionales de la salud y el público en general para desarrollar diversas acciones que buscan la prevención de diferentes tipos de enfermedades. De igual manera, sanofi-aventis otorga un valor primordial a la investigación y al desarrollo de productos innovadores que sean de calidad, seguros y eficaces para el tratamiento de enfermedades crónico-degenerativas.

Muchos son los factores que restan años de vida saludable a los mexicanos, pero también varios de ellos son controlables o prevenibles si se detectan a tiempo. Las enfermedades crónico-degenerativas afectan cada día a mayor número de mexicanos de todos los sectores sociales, incluso empiezan a presentarse casos entre los grupos más jóvenes en los que anteriormente no aparecían. Los hábitos no saludables en la alimentación, el sedentarismo, el tabaquismo, el abuso de bebidas alcohólicas y bebidas con altos niveles de azúcar promueven la aparición de estas enfermedades como la diabetes mellitus.

Esta enfermedad —junto con las enfermedades cardiovasculares— es la principal causa de muerte entre los mexicanos y además, si el enfermo no vigila su padecimiento, daña su calidad de vida con complicaciones renales, de la vista, cardiacas y, en ocasiones, se llega a la amputación de extremidades.

Cada año, la demanda de servicios de salud de enfermos diabéticos aumenta y tiene fuertes implicaciones en el gasto público. Además, las familias se ven obligadas a desembolsar mayores recursos por causa de esta enfermedad. Solamente con el autocontrol, con el apego al tratamiento y con apoyo del entorno familiar, un enfermo diabético puede llevar una vida normal.

El compromiso de sanofi-aventis estará siempre del lado del paciente. Es por ello que su objetivo es ofrecerle las propuestas más innovadoras en su tratamiento. De igual manera, sanofi-aventis tiene la responsabilidad social de crear alianzas y sinergias para desarrollar programas y campañas informativas que comuniquen a la población los riesgos de contraer diabetes mellitus. En el presente libro, que presentamos junto con la señora Lolita de la Vega, buscamos que se tome conciencia y responsabilidad respecto de este padecimiento.

Para sanofi-aventis la salud es lo esencial.

PRÓLOGO

ARMANDO AHUED ORTEGA

SECRETARIO DE SALUD DEL DISTRITO FEDERAL

La diabetes es una enfermedad mortal que afecta a más de 180 millones de personas en el mundo y se calcula que para el año 2030 la cifra ascenderá a 333 millones. La Organización Mundial de la Salud (OMS) considera que el combate a este mal tiene muchos obstáculos, ya que no produce síntomas ni causa dolor, de ahí su nombre de "Asesino silencioso". El individuo puede desconocer que es diabético hasta que la enfermedad está avanzada; debido a ello, un tercio de quienes la padecen no lo saben; además, por ignorancia o indolencia, más de 50 por ciento de los que se saben diabéticos no atienden su enfermedad adecuadamente, lo que favorece la aparición de complicaciones.

Las consecuencias de ese desconocimiento y una errónea actitud son graves, tanto para el paciente como para su familia, pues la incapacidad e invalidez que sufre el diabético termina por alterar la armonía entre sus miembros y deteriora la estabilidad económica.

La OMS ha exhortado a todos los países a que aborden activa y agresivamente esta epidemia, diseñen proyectos creativos que eduquen a la población, la orienten en el diagnóstico y el tratamiento de este padecimiento, fomenten la prevención y el correcto manejo de las múltiples complicaciones que causa.

Los costos de la diabetes son grandes y aumentan considerablemente cuando la enfermedad se agrava. Los males oculares, cardiacos, cerebrales, renales y ortopédicos, entre otros, elevan por mucho los requerimientos financieros para la atención que brinda el sistema de salud a esta enfermedad y sus secuelas.

Es por eso que este libro resulta de particular interés. Con una mezcla de biografía, autobiografía y ensayo, Lolita de la Vega, periodista, comunicadora y líder de opinión, lleva al lector a conocer en forma por demás minuciosa lo que representa el desgaste físico, familiar, social y profesional de una persona con diabetes, para luego revelar el impacto que le causó el saberse portadora de este mal. Llena de incredulidad, dudas, ira y desesperación, entra a una reflexión profunda que le permite, poco a poco, lograr el control de su enfermedad.

Lolita relata los pormenores de los últimos años con su padre, profesional brillante y exitoso, quien debido a la diabetes sufrió un daño progresivo en su salud, que afectó también a los que lo rodeaban. Con palabras contundentes y juicios certeros, la periodista muestra cómo el rechazo de su progenitor a cumplir con el tratamiento, lastimó su cuerpo y, entre resignaciones y rebeldías, lo hizo padecer el deterioro de su calidad de vida personal, familiar e incluso sexual. Al igual que muchos diabéticos, conociendo su enfermedad y consciente de los cambios alimentarios, él cedió una y otra vez a las tentaciones y tuvo que aceptar las consecuencias más graves.

El impacto de la muerte de su padre se deja sentir con toda intensidad en el relato de su libro y ejemplifica lo que muchas familias de diabéticos enfrentan al tener un pariente enfermo. Cierto, todas las enfermedades afectan la vida familiar, pero la diabetes lo hace de una manera cruel.

Al tiempo de hablar de su padre, de sus abuelos y sus hijas, revisa la importancia de la genética en el desarrollo de esta enfermedad, así como la necesidad imperante de que todos conozcamos los antecedentes familiares de enfermedades como ésta.

El doctor Frederick Banting, descubridor de la insulina, en cuya memoria la Organización Mundial de la Salud estableció el Día Internacional de la Diabetes el 14 de noviembre, señalaba: Nadie sabe lo que se siente, como un golpe en el corazón, cuando un análisis de laboratorio confirma que sufre diabetes mellitus, Lolita de la Vega narra en estas páginas su desconcierto y coraje por tener "esa herencia"; la reflexión que hace hasta decidir ir en busca del médico que la oriente debidamente. Lo que pasa por su mente es semejante a lo que vive una persona que recibe el resultado del análisis que le diagnostica una mortal enfermedad y su reacción es similar a la de miles de individuos al saberse diabéticos.

El encuentro con un buen médico es otro aspecto fundamental en el manejo de la diabetes y Lolita lo describe detalladamente, desde la conversación amplia y abierta para conocer todo acerca de la enfermedad, los tratamientos y complicaciones, hasta aprender a medir la glucosa, alimentarse adecuadamente, hacer del ejercicio una práctica diaria y tomar o aplicarse los medicamentos con precisión; en fin, lo que todos los diabéticos y familiares deben saber.

El uso de un lenguaje directo y sencillo, que es a la vez atractivo y educativo, revela la reflexión de la autora sobre el significado de la diabetes en su vida, la cual la lleva a expresar conceptos más amplios que incluyen la vida misma; sus recomendaciones al respecto hacen recordar a Martha Graham, quien escribió: Tu cuerpo es un ropaje sagrado, es tu primer y último ropaje, es aquel con el que entraste a la vida y el mismo con el que vas a partir, por eso tu cuerpo debe ser tratado con honor. Si tratamos a nuestro cuerpo con honor, aprenderemos a comer sanamente y lo ejercitaremos con alegría; pondremos más atención para descubrir a tiempo las enfermedades y atenderlas de manera oportuna y eficaz. Así podremos vivir plenamente para hacer cierta la sentencia de René Dubós, médico y filósofo francés que afirma: El propósito de la vida es la celebración de la vida.

Y eso es lo que en suma dice Lolita de la Vega en este libro, educa con su testimonio, muestra la forma de tratar la diabetes y exhorta a enfrentar la vida con una actitud positiva.

Cuatro relatos más redondean el texto, el primero de su esposo Walter Beller, quien exhibe la importancia del apoyo de los familiares al diabético; el segundo de su colaborador y compadre, José Monroy Zorrivas, que habla de lo indispensable de la amistad como un valor trascendente en la vida de todo ser humano; el siguiente de un sacerdote amigo, José de Jesús Aguilar Valdés, quien de forma por demás elegante aborda los sentimientos espirituales y religiosos y su relación con la enfermedad; finalmente, la psicóloga Lucy Serrano revisa con su experiencia las diversas etapas por las que pasa el enfermo, desde que descubre su padecimiento hasta que supera los conflictos interiores que el mal le ocasiona. Estos testimonios aumentan el valor del texto, pues muestran en forma integral el mundo que puede y debe rodear a quien sufre diabetes.

En la Secretaría de Salud del Distrito Federal consideramos que las enfermedades crónicas, de las que la diabetes es un ejemplo, merecen toda nuestra atención, es por ello que se han diseñado campañas y programas que pasan por la educación para la salud, la detección y el control adecuado; el tratamiento correcto de la enfermedad y sus complicaciones, lo que permitirá al paciente vivir de la mejor manera.

No me queda duda de que el libro de Lolita de la Vega será de una gran utilidad para los diabéticos y sus familiares; para los médicos y el personal de salud, para todo el que esté interesado en cuidar su salud.

EL ASESINO SILENCIOSO: LA DIABETES

LOLITA DE LA VEGA

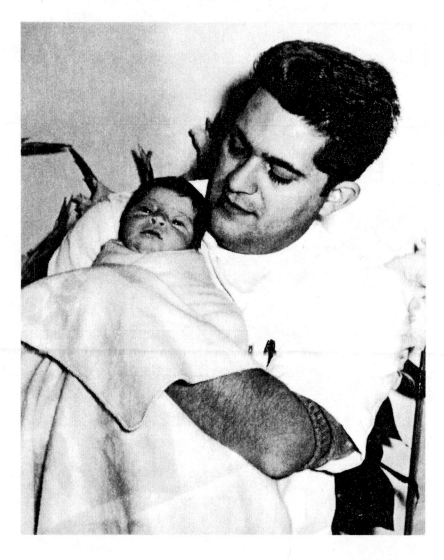

Primera foto de papá y yo, recién salida del "horno" materno.
Ciudad Juárez, Chihuahua.

CAPÍTULO UNO

ANTE LA CRUDA REALIDAD

Eran las 4 de la tarde. La lluvia había cesado unos minutos antes y se respiraba humedad y tranquilidad en el exterior. Pero mi interior estaba teñido de incertidumbre. La llamada telefónica no podía tardar mucho tiempo. El doctor me había prometido que estaría en contacto conmigo para darme a conocer los resultados de todos los análisis que me habían practicado. Yo me sentía realmente preocupada. Los minutos seguían corriendo... tic...tac... tic...tac... tic...tac..., y nada.

Durante varios días me había sentido especialmente agotada, sin deseos de salir ni siquiera de mi cama para bajar al comedor y compartir los sagrados alimentos con mi familia. ¿Qué me estaba pasando? Yo siempre he sido muy activa. Aunque me considero una "ave nocturna" que se despierta ya entrada la mañana, desde las 12 del día en adelante no detenía mi actividad: mi día transcurría entre la creación y revisión de guiones, la organización de juntas, reuniones con políticos, la atención a varias llamadas telefónicas y entrevistas con la prensa... Todo esto, claro está, sin olvidar mi calidad de ama de casa, madre, abuela y esposa. Mujer de doble jornada, como tantas que existen hoy en día en nuestro querido país. Como tú o como yo.

Después de una espera que me pareció larguísima, finalmente sonó el teléfono.

—Lolita: ya me llegaron los resultados del laboratorio —dijo mi médico—. ¿Qué te digo...? Es justamente lo que me temía —hizo una pausa antes de proseguir con su diagnóstico; ciertamente, se imaginaba bien cuál podía ser mi reacción—...Tienes diabetes.

—No…por favor… no puede ser. Peeero… ¡de qué me hablas, doctor? —grité, angustiada, devastada.

No pude continuar hablando. Sentí un hueco profundo en el estómago.

El auricular resbaló de mi mano y cayó estrepitosamente sobre el piso de mi recámara mientras corría, desesperada, al baño a vomitar. El pánico se apoderó de mí como nunca antes. Para mí, la noticia era casi una sentencia de muerte. A partir de ese momento empecé a recordar muchísimas vivencias terribles de mi historia familiar, sabiendo que si la tradición seguía sus pasos, yo misma comenzaría a sufrir el deterioro progresivo de todo mi organismo.

Mis antecedentes familiares no eran nada halagüeños. Ya sabemos lo que suelen decir los médicos en estos casos:

"Trae usted una carga genética muy problemática".

¿Problemática? La verdad es que todos, absolutamente todos, tenemos una carga hereditaria que nos predispone a ciertas enfermedades y padecimientos. ¿O hay excepciones? Pero es muy cierto que en el caso de la diabetes, la herencia es algo que está ahí, depositada en cada una de nuestras células, acosándonos silenciosamente.

La diabetes salta en el momento más inesperado, anunciando sus más terribles e indeseables consecuencias.

Mi bisabuela paterna, Lolita, había fallecido a los 83 años, diabética, ciega y con una pierna amputada. Mi abuelo Luis murió a los 72 años, diabético y víctima de un infarto después de dos anteriores.

Mi padre, Güicho, se me fue cuando él tenía 61 años. También era diabético. Su hora fatal le llegó cuando estaba viviendo uno de los mejores momentos de su vida: justo cuando, después de muchos años, había regresado a la televisión mexicana para ser el productor y director de mi programa en Imevisión, "Hablemos claro". La vida le había puesto en charola de plata la posibilidad de retornar y hacer nuevamente lo que hizo muy bien durante tantos años: producir programas de radio y televisión. Además, estaba viviendo a plenitud su papel de abuelo. Puesto que papá era muy niñero, mis dos hijas le habían dado un nuevo sentido a su vida.

La muerte nos lo arrebató a todas y cada una de sus mujeres: a su madre, a su esposa, a su hija y a sus nietas. Pero la muerte siempre es así: cruel, infame, hasta perversa. No pregunta, sólo actúa, lacera y destruye.

Todavía tengo muy presente aquel día, cuando a muy corta edad me llevaron mis abuelos Luis y Lolita a comer a uno de mis lugares favoritos: el restaurante El Lago. Desde sus inicios, el restaurante fue un lugar espléndido al que se accedía por una larga y amplísima escalinata hasta llegar al área donde estaban las mesas impecablemente presentadas en desnivel. Tras un ventanal gigante, inmenso, se podía apreciar, majestuosa, la fuente que engalanaba con portentosos chorros de agua el lago artificial de la Nueva Sección de Chapultepec. A su alrededor, decenas de patos blancos y negros aleteaban alegremente al sentir el contacto de la brisa provocada por el viento que golpeaba el agua de la fuente sobre ellos. Era todo un espectáculo.

Lo recuerdo bien, como si fuera ayer. Me encantaba ver a los meseros elegantemente ataviados: todos corrían de un lado a otro, diligentes, siempre cargando charolas de plata que contenían canastas de pan delicioso, recién horneado, acompañado con la infaltable "mantequilla de bolitas".

—¡Este restaurante es muuuy elegante!, ¿verdad, papá Luis?— le aseguré a mi abuelo, muy ufana… Me sentía muuuy conocedora, ya que mis abuelos solían invitarme con frecuencia a los mejores restaurantes del Distrito Federal. El hecho de ser nieta única, tenía sus beneficios… ni hablar.

—¿Por qué lo dices, niña?— me preguntaba mi abuelo con una sonrisa complaciente, mientras embarraba un pedazo de pan de esa deliciosa mantequilla, saladita y cremosa.

A mi abuelo, mi papá Luis (como yo le decía cariñosamente), siempre le gustaba escuchar mis pequeñas e ingenuas disertaciones y me estimulaba a continuar hablando. Ahora entiendo a quién le debo estar dedicada a esta carrera de comunicadora.

—¿Cómo que por qué? —manifesté al instante—. ¡Por la mantequilla de bolitas…! No en todos lados la sirven. En otros restaurantes te dan la mantequilla pero en cuadritos.

Mis abuelos acostumbraban festejar todas mis puntadas. Como no tenía hermanos, y sólo convivía con adultos, desde una corta edad hablaba y me comportaba como si fuese un "adulto chiquito".

A la hora del infaltable café, mi abuelo solía sacar de la bolsa de su saco unas cajitas muy elegantes. Atesoraba una gran variedad de ellas: de oro, plateadas, con sus iniciales grabadas, o con unas chispitas de brillantes, muy finas. Tenía otras más: recuerdo una de laca negra, de madera tallada, bueno, hasta contaba con una de plata en forma de cacahuate, que me parecía muy simpática. Cada día utilizaba una distinta: para hacer juego con el traje, el reloj y las mancuernillas. Al abrir cualquier cajita aparecían frente a mí un montón de pastillas pequeñitas para endulzar su café.

—¿Doctor de la Rosa —le preguntó, de pronto, el capitán de meseros, que lo conocía bien— gusta azúcar y crema para su café? Papá Luis era un cliente frecuente.

—No, muchas gracias. Ya sabe usted que yo tomo sacarina. Le agradezco.

Curiosa, como cualquier niña, pregunté de inmediato:

—Tatá —le inquirí a mi abuela—, ¿qué son esos dulcecitos que le puso papá Luis a su café? ¿Saben buenos?

—La única forma de saber es probando. A ver qué te parece, Lolita —me dijo mi abuelo mientras me acercaba su taza de café a los labios.

Al darle el trago, el café, al principio me supo regular, pero a los pocos segundos me dejó una sensación horriblemente amarga. ¡Vaya que antes hacían una sacarina espantosa! Después de todos mis gestos de asco, mis abuelos soltaron la carcajada y me explicaron que papá Luis debía tomar esas pastillas en lugar de la azúcar acostumbrada, porque tenía un "problemita" de salud que se llama diabetes.

—¿Dia quéeeee? —pregunté sin entender el término.

—Dia-be-tes —repitió mi abuelo—. Es que soy un hombre tan dulce —y sonrió mientras me guiñaba un ojo— que ya no puedo comer más azúcar por el resto de mi vida. Ya no la necesito.

¡Qué noticia tan espantosa! Nada más de pensar que papá Luis tenía que olvidarse de pasteles, leche con chocolate, helados, dulce-citos como sweet tarts, milky way's, los gansitos del recreo, los pingüinos y otros más, se me hizo un nudo en el estómago. ¡Pobrecito de mi abuelo! ¡Qué horrible destino!

—Entonces, ¿no te vas a curar? ¿Siempre vas a estar enfermito? —le pregunté, con un dejo de tristeza, lo que les provocó una gran ternura a mis abuelos.

—Pero no pongas esa carita. A ver, déjame explicarte: esto no se cura, Lolita. Se controla nada más. Hay que dejar de lado todo lo que contenga dulce, porque si yo me lo como, se convierte en veneno. Aunque teniendo los cuidados necesarios, no pasa nada. No te asustes.

Era 1965 y en ese tiempo no existían los estudios, los avances científicos, los recursos y apoyos con los que, por fortuna, contamos los diabéticos hoy en día.

Recuerdo que incluso algunas parejas, amigos de mis abuelos, solían comentar —mientras jugaban canasta en casa— que a fulanito o sutanita ya les había dado esta enfermedad; sin embargo, jamás escuché que la recamarera o el chofer o la señora que vendía la fruta o la verdura en el mercado, es decir, aquellas personas de muy escasos recursos, se enfermaran de diabetes. Así que en mi mente ingenua de niña, me quedé con la impresión de que la diabetes "era una enfermedad única y exclusiva para ricos".

El tiempo confirmó esta tesis, pero no porque solamente fuesen las personas con mucho dinero los únicos que se enferman de esto y los pobres no, sino porque la diabetes, y sus consecuencias, es una de las enfermedades más caras que existen: los tratamientos y las revisiones son extremadamente caros; sin contar la serie de complicaciones que surgen a consecuencia de esta epidemia... de este asesino perverso y silencioso, un asesino excesivamente costoso en términos económicos y anímicos.

Los años pasaron y mi abuelo falleció, después de dos infartos, en 1979.

Durante el velorio de mi papá Luis, papá y yo bajamos un momento a la cafetería de Gayosso. Él estaba deshecho y se debatía en una mezcla de profundo dolor y de rabia; me subrayaba enfáticamente que su padre no se había cuidado, como lo había recomendado su médico; repetía que no le había importado su salud y su vida; que siempre se sintió casi inmortal, pero ahora la vida le había cobrado la factura definitiva. El fallecimiento de papá Luis había dejado hecho pedazos a papá.

Me decía, afectadísimo, ante la pérdida irreparable:

—Yo sabía que cuando iba a Buenos Aires se daba sus atracones de panqueques de manzana, que llevan muchísima azúcar caramelizada —me alegaba, deprimidísimo—. También, cada vez que iba a Madrid, y lo hacía varias veces al año, no perdonaba los pasteles y natillas o el arroz con leche condensada. ¿Lolita, tú te imaginas el trancazo que era eso para su páncreas?

Nunca en mi vida, que yo recuerde, lo vi tan mal como en esos días. Estaba realmente devastado.

A raíz de la muerte de mi abuelo, papá comenzó a sentirse muy mal no sólo anímica sino físicamente. A las pocas semanas del sepelio, papá y mamá tomaron un vuelo a Houston con el objeto de que papá se hiciera un chequeo en el Hospital Metodista, donde, por cierto el doctor Ray Goens, amigo de papá durante algunos años, había estado atendiendo a toda la familia.

Después de largos exámenes, visitas al cardiólogo, al endocrinólogo, al laboratorio y al doctor Goens, mis papás regresaron a México. Cuando fui por ellos al aeropuerto, mamá me informó, profundamente preocupada y con los ojos llorosos que mi padre había sido diagnosticado con diabetes mellitus tipo 2 y que además, tenía alto el colesterol y los triglicéridos.

Hasta ese momento de mi vida, yo no me había percatado realmente de la dimensión y de lo que esto conlleva en la existencia de todo paciente diabético. Pensaba que con tomarse su sacarina y su pastillita por las noches, como lo hizo mi abuelo, mantendría a la enfermedad bajo control. Craso error. Por desgracia, una percepción tan común como equivocada.

La vida de mi padre y su aspecto físico comenzaron a deteriorarse rápidamente. Fue sometido a una dieta rigurosísima de sólo 1200 calorías diarias. En cambio, los pasteles y postres, que tanto le fascinaban, se convirtieron en parte de un agridulce y lejano recuerdo.

Mamá, rigorista como siempre y movida por el deseo de que su marido cumpliera las indicaciones de los médicos "a carta cabal", se ocupaba de pesar escrupulosa y detalladamente todos y cada uno de los alimentos que le preparaba, cuidando en todo momento que las cantidades exactas se respetaran. En su viaje a Houston, mamá había encontrado cerca del Hospital Metodista, una tienda especializada para diabéticos. Cuando veía que papá estaba a punto de comer algo indebido, volaba hasta donde él se encontraba y le decía casi a gritos:

—¡No, Güicho!, no puedes comer eso, ya te lo dijo el doctor Goens—. Y de inmediato le arrancaba de la boca aquello que consideraba peligroso o dañino para él.

Papá se moría de hambre a consecuencia del drástico cambio de régimen alimentario. Por ende, bajó considerablemente de peso. El doctor Goens también le había pedido a papá que dejara de fumar, ya que consumía un promedio de dos cajetillas diarias. Es decir, de la noche a la mañana, el paciente se enfrentó a una lista interminable de "nos".

Papá llegó al consultorio del doctor Goens, dicharachero como siempre. (Al mal tiempo, buena cara, me decía). Pero conforme la lista de prohibiciones iba avanzando, el rostro de papá se iba transformando.

—A ver doctor —le anotó a Goens—, necesito estar bien enterado de lo que tengo que hacer: viene la lista maldita.

—Adelante, Güicho, pregunta; para eso estoy aquí, para aclarar todas sus dudas.

—¿Puedo comer un postrecito, muy de vez en cuando, digo, para no abusar?

— ¡No! —señaló tajante el médico.

—¿No me vas a quitar mis cigarritos, verdad? Digo, eso no tiene nada que ver con la diabetes; el cigarro no es azúcar, ni carbohidratos ni grasas.

—Eso es cierto —sonrió el médico para inmediatamente ponerse serio—. Pero lo que también es cierto, es que el cigarro, independientemente de la posibilidad que tienen los fumadores de padecer cáncer en los pulmones o, como mínimo, enfisema pulmonar, compromete a tu circulación y tú no necesitas eso —dijo llevándose la mano a la región del corazón—. Ahora menos que nunca. ¡No! Vete despidiendo de tus cigarritos. *Bye bye, cigarettes.*

Papá sólo atinó a mover la cabeza en franca actitud de molestia. El cuestionario continuó, intenso y minucioso.

—Oye, Ray, todos los mexicanos, tú sabes, estamos acostumbrados en nuestro país a comer la famosa dieta de la vitamina "T", tan sabrosa, tan nuestra, que consiste en tortas, tamales, tacos fritos con crema y salsa… Éso… ¿tampoco?

—Nope.

—¿Pozole? ¿Te acuerdas del pozole que te llevé a comer la última vez que estuviste en México y que tanto te gustó? —decía papá relamiéndose los labios.

—¿Pozo… *what?*

—Sí, hombre, aquel platillo que parece sopa pero grandota. Lleva mucha lechuga, orégano, chilito en polvo, maciza de puerco y unos granos de maíz enormes y …

—Ohhh, *yeah.* Pozoule. No. *No way* —amonestó.

—¿Galletas?

—Sólo una o dos, chicas, pero hechas con sacarina. (En esa época no las hacían o las vendían en México).

—¿Pan…?, ¿tortillas?…

—Sólo una rebanada de pan en el desayuno y una en la cena —recomendó—. ¡Ah!, pero a medio día, podrás comer una tortilla pequeña y delgada, bien tostada y sin aceite. *Sorry.*

—¿Y qué me dices, doctor, si se me antojan unos ricos mangos; o la infaltable papaya roja picadita en el desayuno; o qué tal unas frescas rebanadas de sandía en los días de calor o un jugo de betabel con naranja que me preparaban en un restaurante en Morelia y que, desde entonces, he adoptado en mi dieta diaria?

—No. ¡Ni de chiste! Justamente esas frutas son las que tienen un altísimo contenido de azúcar. Ni se te ocurra, por favor. Aléjate de ellas para siempre.

—¿Y una hamburguesa deliciosa de Klein's, con su queso amarillo derretido, acompañado de sus papitas fritas crujientes y sus chilitos curados?

—¡No!

—Mmmm… ¿Y los pays de manzana acompañados de helado de vainilla de Vips?

—Tampoco.

—*OK*. Está bien. Pero, a ver, ¿qué tal un buen pedazo de carne de Chihuahua, delicioso, con su grasita alrededor? ¡Eso es proteína pura!

—Y grasota también. No. Nada de grasa.

—¿Y unos platanitos dominicos, con un poco de cremita y canela molida de postre? ¡Al cabo sólo es una fruta!

—No. Ya te dije que no. Los plátanos contienen mucha azúcar y la "cremita", tiene grasa. Así que tampoco.

—Pero también tienen potasio que es muy necesario.

—Si lo que buscas es potasio, en el jitomate podrás encontrar todo el que quieras y ése sí lo puedes comer con toda confianza.

—¡Carajo, no le atino a una! ¿Y un buen plato hondo de arrocito con frijoles de la olla, con su chile picado, cebollita y tostadas pa' que amarre?

—No. Sólo puede comer media taza de arroz o de frijol, y no todos los días, sólo dos veces por semana.

—¡Carajo, doctor! Entonces ¿de qué voy a vivir? ¿Qué puedo comer? ¿Yerbas? ¿Pura lechuga con limón? —preguntó desolado papá mientras se bajaba lentamente la manga de la camisa que tenía arremangada, después de haber pasado por la prueba de tolerancia de glucosa que incluía una buena cantidad de piquetes en el brazo.

—Nada de lo que has mencionado —respondió tranquilamente Goens—. A ver, vamos por partes. De desayuno, un huevou cocido, estrellado en agua o revuelto con poquísimo aceite; de preferencia dile a Conchita que compre esos que venden en spray, Pam, creo que se llama, pero sólo lo podrás comer tres veces a la semana, no más —advirtió moviendo negativamente el dedo índice—. Una rebanada de pan tostado. Una rebanada de tocino. Medio vaso de jugo de naranja, porque esta fruta también tiene un alto contenido de azúcar, *lots of sugar*, y un café con un chorrito de leche descremada. También puedes alternar los otros días con avena, la hay con sabor de fresa y no está tan mal o con canela y sweet and low (unos sobrecitos rosas que sabían asquerosos).

—¿Y mis chilaquiles? —dijo papá apesadumbrado.

—*Are you out of your mind*? No. Olvídate de ellos. Son demasiadas tortillas para un plato de chilaquiles. Muuucho carbohidrato. Más la crema, la salsa frita, el queso… no. Definitivamente no.

—¿Y de vez en cuando un molito?—preguntó con voz tímida.

—*No, man, no*. Está hecho con chocolate, mismo que contiene azúcar. No. *Sorry again*.

—¿Y un plato de espagueti con carne? Los deportistas consumen pastas sin problema —como que se envalentonó añadiendo— y la carne es proteína.

—Tienes razón, Güicho. Pero los deportistas consumen pastas sin guisar. Sólo hervidas. Yo te diría que preferentemente no. Quizás una pequeña porción, muuuy pequeña, cada 15 días.

—Oye, no me hagas eso. De la noche a la mañana me estás quitando to-do, absolutamente to-do. Sólo falta que me digas que tampoco puedo tener relaciones sexuales con mi señora, doctor.

Goens se levantó de la silla en la que había pronunciado ceremoniosamente una especie de diez mandamientos bíblicos de la dieta para el paciente diabético. Respiró hondo, se encaminó a la ventana del consultorio y dirigió su vista hacia un lugar indefinido. Entonces volvió a hablar.

—A propósito, de eso también tenemos que hablar. Por desgracia, en lo primero que repercute la diabetes en el hombre es en su vida sexual… en concreto, la erección. Conforme va pasando el tiempo, la calidad de la erección disminuye hasta que prácticamente se pierde. Cabe recordar que uno de los efectos colaterales de la diabetes es la disminución en la circulación sanguínea y si tienes colesterol y triglicéridos, ya ni hablamos. Eso significa que tus venas y arterias deben estar taponeadas y que estás también con el riesgo latente de un infarto. *Remember your Dad* —volvió a respirar hondo y continuó con una voz cada vez más neutra—. También tienes que estar atento y revisarte con cierta periodicidad la vista, el oído, desde luego los dientes. No se te vaya a ocurrir ni de chiste que te hagan pedicura alguna persona que no sea profesional —dijo señalando los pies de papá—, porque con una uña enterrada o una herida en un pie, te puede venir lo que se conoce como "pie diabético". Se comienzan a hacer unas úlceras que por tu mala circulación, no cierran con facilidad y te pueden cortar el pie o la pierna, así que te recomiendo especial atención, fíjate bien, especialísima atención a este asunto. *Remember your grandma's case.*

Goens volvió a su silla y al sentarse retomó el hilo de sus pensamientos y recomendaciones:

—¡Ahhh! Y el riñón es algo que también hay que tomar muy en cuenta. Si no te cuidas y no sigues mis indicaciones, podrías terminar con diálisis a tal punto que muchos pacientes diabéticos requieren con el tiempo de un trasplante de riñón y no es fácil conseguirlos. Por cierto —observó enfático—, antes de que se me olvide, también la piel hay que tenerla permanentemente humectada porque vas a notar que se te va a resecar mucho. Aplícate mucha crema mañana y noche, *lots of it.*

—Doctor, ¿me estás dando a entender que me queda poco tiempo de vida? Digo, porque con todas sus recomendaciones, esto no es vida… Discúlpame. Me estás quitando todo lo que a mí me gusta comer, disfrutar… me estás dejando con las manos vacías —pronunció, extenuado y triste, esta última frase.

Y, sí. Así se sintió a partir de ese momento, con las manos vacías y su vida deshecha.

En mi primer cumpleaños disfrutando de uno de mis regalos.

CAPÍTULO DOS

LA METAMORFOSIS

La etapa de depresión no se hizo esperar. A pesar de que papá tenía un sentido del humor extraordinario y siempre estaba de buenas, bromeando con todos y de todo, yo podía ver en sus ojos la aflicción que la enfermedad le provocaba. Las grandes limitaciones que la dieta le imponía, ciertamente lo tenían mal y de malas; pero además hubo otro factor que, para su desgracia, apareció demasiado rápido.

Papá siempre había sido un hombre muy vital. Su vida sexual era profundamente importante, como lo es para prácticamente todos los hombres.

Conmigo siempre fue muy abierto y por eso podíamos hablar con plena libertad de ese tema. Siempre que yo le preguntaba, él respondía de frente, sin tabúes, con toda franqueza.

Sedentario por inclinación, papá pasaba mucho tiempo en la oficina de su casa, escribiendo, leyendo, creando. Disfrutaba, como pocos, de su soledad, de esa soledad necesaria para el trabajo creativo. Pero conforme fue pasando el tiempo, después del diagnóstico de la diabetes, papá se fue encerrando en sí mismo más y más. Aunque continuaba siendo creativo, para entonces yo percibía su aislamiento con tintes de amargura y desconsoladamente atormentado. Sus madrugadas, en soledad, eran cada vez más largas y dolorosas.

El doctor Goens le había advertido sobre el primer daño que sufriría a consecuencia de la diabetes. Y dicho y hecho. La vida sexual de papá se fue apagando rápidamente y, con ello, su estima personal se fue demeritando cada día más.

Una noche que llegué a verlo a su casa, él estaba sentado escribiendo en su computadora (de las primeras que salieron a la venta). Tenía sobre su escritorio un cenicero rebosante de colillas y su infaltable taza de café. Lo vi profundamente triste, como nunca. Para entonces había cumplido 54 años, pero el daño a su vida íntima ya estaba hecho.

—¿Cómo estás, papi?

—Mal —me respondió con profunda amargura. Me percaté que sus ojos estaban enrojecidos—. Uno —continuó pausadamente— tiene que aprender que hay ciertas cosas en la vida que se acaban definitivamente y no hay vuelta para atrás. Lamentablemente.

—¿A qué te refieres? —le pregunté no sin timidez.

Suspiró y a continuación encendió un cigarrillo; se pasó las manos por los cabellos y clavó su mirada en la pantalla de su computadora, en un gesto que podría interpretarse como una forma de no querer abordar un tema que sin lugar a dudas afectaba dolorosamente su virilidad.

—...Lolita..., esta maldita enfermedad me ha venido mermando mucho más de lo que yo pensaba —hizo una pausa, volvió a suspirar y prosiguió—... Desde que uno es joven piensa que el "ser macho", así, entre comillas, radica en tener una indiscutible potencia sexual y demostrarla en todo tiempo y lugar..., vamos, hasta alardear con múltiples conquistas, reales o inventadas...

—Eso te lo entiendo —le comenté tratando de adoptar una actitud objetiva—.

—Los hombres, todos, vivimos con el temor de perder nuestra vida sexual, activa.

—Pero, papi, a lo mejor se trata de una situación transitoria... A lo mejor, al rato todo vuelve a ser como antes.

Mis palabras le cambiaron un poco el semblante. Me miró con dulzura y me dijo:

—¡Uy, mi amor,...! ¡Qué más quisiera yo! La verdad es que me he estado informando y la diabetes afecta órganos y sistemas, sin remedio, pero no tienes idea cómo pega, cómo duele, cómo te hiere que, de repente, uno ya no sea el mismo.

Luego, nos quedamos en silencio, tristes y sin saber qué más agregar. Comprendí su terrible situación. No supe qué decir. Me quedé sin palabras. Sólo atiné a levantarme de mi silla para acercarme a él y abrazarlo y darle a entender que su dolor me dolía.

Siempre habíamos podido hablar de todos los temas, sin cortapisa alguna, pues papá mantenía una actitud liberal, y decía que todo se puede tratar, cuidando no afectar, lastimar o escandalizar a las personas. Y es que, como lo dicho, entre nosotros existía una gran comunicación. Él me enseñó no sólo a tratar temas difíciles sino también a defender mis puntos de vista, argumentando y ofreciendo todo tipo de razones. Pero los temas tan íntimos, ciertamente, no son fáciles de abordar y menos cuando la diabetes va dejando sus secuelas, sus terribles secuelas.

Además, cabe recordar que en esa época no existían las famosas pastillas azules para ayudar a los hombres cuando presentaban un problema de disfunción sexual. Entonces no había na-da, na-da. Desafortunadamente, papá no tuvo alternativa alguna como muchos otros hombres diabéticos que vivieron y compartieron el mismo drama.

La diabetes se convirtió habitualmente en el tema obligado de todas las reuniones familiares y sociales. Por esa época mi tía Kika, prima hermana de mi papá, también fue diagnosticada con diabetes. ¡Vaya herencia de mi bisabuela!

Papá hacía enormes esfuerzos para aparentar como si no pasara nada, pero al mismo tiempo no dejaba de pensar en el maldito padecimiento. Él siempre se había caracterizado por ser un hombre profundamente culto. Podía hablar de todo tipo de temas de una forma muy amena; pero, de pronto, con la aparición en su organismo de ese mal, prácticamente se convirtió en monotemático: sólo habla de su enfermedad.

Recuerdo que un buen día, justo a la hora del café después de comer, papá nos anunció a mamá y a mí con bombo y platillo que había tomado la decisión de dejar de fumar. Ambas se lo festejamos (aunque ambas hemos sido fumadoras). Incluso mamá dejó también el cigarro por un lado, como muestra de solidaridad con él.

Durante los días siguientes, papá estaba nervioso, irritable, e incluso presumía que la única forma de dejar de fumar, era como dicen los norteamericanos, "cold turkey", o sea, de sopetón. La solución no era irle bajando diariamente la dosis. ¡No! Era con tanates. Y bastantitos. ¡No hay de otra!

Aparentemente todo iba bien hasta que, en un viaje a Cancún, de repente papá se me perdió de vista en medio de una tienda. Mi sorpresa fue tremenda cuando al buscarlo, me lo encontré afuera, recargado sobre la pared del estacionamiento de la tienda, fumándose un cigarrito, bien a gusto, vamos, hasta estaba haciendo "anillitos" con el humo. Lo estaba disfrutando en serio.

Seguramente él pensó que nos estaba engañando a todos. El problema es que en realidad se estaba engañando a sí mismo. Y así fue como pasó de la etapa inicial depresiva: en medio de trampas y autoengaños. En el fondo, estaba negando a los demás y a sí mismo la angustia que provoca inicialmente la enfermedad.

Una vez que se percató de mi descubrimiento, hizo un coraje terrible. Después, como si tratase de una rabieta infantil, volvió a fumar delante de todos, hasta el último día de su vida.

—Tú tuviste la culpa de que yo volviera a fumar —me soltó un día, categórico.

—¿Yooooooooo? ¿Y por qué yo? Ahora resulta…—y no terminé la frase.

—¡Sí, tú! Porque si no me hubieras buscado y, encima de todo, evidenciado que estaba fumando, tendría que seguir escondiéndome…, y claro, así fumaría mucho menos. Ahora ya ni modo —y de los nervios, continuó fumando.

El tema de cómo dejar de fumar en definitiva —o sea, con muuuchos huevos, palabras de él— quedó permanentemente descartado de su repertorio anecdótico.

Sólo aquellas personas que hemos vivido en carne propia la pérdida de un ser querido tan entrañable como el padre o la madre, podemos entender en toda su magnitud la forma en que la desgracia nos pega para siempre. Es un dolor que jamás podrá ser superado. Es mentira que el tiempo lo cure todo; porque hay dolores del alma que no desaparecen por el simple paso de los meses o los años, y mucho menos si se trata de las ausencias de seres que iluminaron nuestra vida. Porque ellos son seres únicos, irrepetibles, que están entrelazados con nosotros más allá de la muerte misma.

Cuando mamá me dio la noticia de que papá era diabético, como por arte de magia estalló en mi memoria un recuerdo sobre un hecho vivido muchos años atrás.

A todos los niños, las pesadillas les provocan largas noches de insomnio. Desde mis años de infancia yo sabía bien que cada vez que me enfrentaba a alguna de ellas, lo único que tenía que hacer era correr a la cama de papá y mamá, contando con la certeza de que ahí estarían ellos para cobijar mis miedos y acariciar mis sinsabores hasta que el sueño me venciera.

Jamás olvidaré esa noche en particular. Tenía escasos cinco añitos cuando de repente me desperté hecha un mar de llanto: había soñado que papá se moría y yo me quedaba sin él.

De inmediato me levanté y corrí al cuarto de mis papás para treparme al lado de la cama donde él estaba descansando. Entre sueños, papá alcanzó a escuchar mi llanto y me abrazó, con una enorme ternura. Mi cabeza estaba empapada en sudor y yo temblaba sin parar.

—¿Qué le pasa a mi amor? ¿Por qué está llorando mi chiquita?

Me le aventé a los brazos, diciendo:

—Papi, ¿verdad que tú no te vas a morir nunca? —atiné a decir entre sollozos— Prométeme que no me vas a dejar sola. ¡Prométemelo!

Él me sonrió tiernamente y mientras trataba de retirar algunos de mis lagrimones con su mano, me aseguró que nunca me dejaría. Que siempre estaría conmigo, en las buenas y en las malas, porque el amor de un padre es así, pleno, absoluto, total, sin medias tintas.

Y efectivamente, siempre estuvo. Jamás falló como papá. Fue un padre a tiempo completo. Amoroso, consentidor. El mejor de los amigos y aliados.

Cuando era pequeñita jugaba conmigo como si fuera otro niño más y todas las tardes nos íbamos a cumplir con un sagrado ritual muy nuestro: a degustar una deliciosa leche malteada de chocolate acompañada de un pastel delicioso de fresas con crema. Así, mientras disfrutábamos de estos manjares, cada quien leía por un rato su respectiva revista. Después comentábamos sobre algún artículo en particular o, quizás, una de las noticias que se suscitaban en ese momento. Departíamos y compartíamos. Un padre maravilloso que siempre me regalaba un comentario informado y sabio, al mismo tiempo que devoraba azucarados manjares (sin tener conciencia del daño que nos pueden producir).

Esos son, entre otros, los recuerdos amorosos de mi niñez y juventud, recuerdos llenos de alegría, de festejo o de premio, siempre iban acompañados necesariamente de pasteles, de dulces, de malteadas, de chocolates, léase de ingesta de azúcares y de carbohidratos.

Pero, claro, mi caso no es ni con mucho de excepción. En nuestro país todo lo bueno, lo maravilloso, siempre, inexorablemente va acompañado de alguna golosina, un pastel, de refrescos, vinos y comida alta en carbohidratos y grasa. Es una manera de festejo que, a la postre, se vuelve en contra nuestra como una amarga realidad.

Lejos, muy lejos estaba yo de entender la fatal conexión entre los azúcares y los problemas de la salud.

De lo que sí tuve conciencia era de mi miedo en torno a la posibilidad del fallecimiento de papá. Tal vez por eso se me quedó muy firme el recuerdo de mi pesadilla.

Papá continuó consolándome:

—Escúchame bien, mi amor: Siempre —que no te quepa la menor duda—, siempre estaré para ti. Habrá mucha gente a lo largo de tu vida que te falle. Pero yo no. Quiero que tengas esa certeza y que estés tranquila. Aquí estoy, no me he ido.

Y así, fundidos en un larguísimo abrazo, me quedé dormida en brazos de papá con la ingenua esperanza de que jamás, nada, lo arrancaría de mi lado. No contábamos entonces que con el paso de los años, la diabetes haría su entrada perversamente triunfal en nuestras vidas y que él, sin siquiera planearlo, tendría que romper con esa promesa que me lo arrebató a sus 61 años. ¡Maldita enfermedad!

¿Pero qué pasa con el mexicano común, sin conciencia, cuando se le habla de la diabetes y de los riesgos terribles que implica no darle la importancia y el cuidado adecuados? Unas de las expresiones más comunes que escuchamos es:

"Nooo, mano. A mí, pura madre que me va a dar la diabetes esa". "Yo lo tengo tooooodo controlado. Ya lo mentalicé. Es más, ya lo decidí".

"Eso sólo le pasa a la gente que tiene mala suerte, que se atraganta de dulce o de plano le llega por un coraje bien fuerte. Yo me la llevo tranquiiiilo… no pasa naaaada. Además, de algo me tengo que morir. ¿quéé nooo?"

¿Le suenan familiares estas frases?

Y es que el principal problema que enfrentan muchos pacientes diabéticos, no es el precio de las pastillas o de la insulina; de los análisis o incluso hasta los altísimos costos que tienen las tiras reactivas para checarse los niveles de glucosa en sangre con un glucómetro, no. El problema fundamental radica en la IGNORANCIA, así, con mayúsculas.

La vergonzosa ignorancia o lo que es peor, LA INDOLENCIA, también con mayúsculas.

Hoy en día existen dos millones de mexicanos que andan caminando por la vida, tan campantes, y no saben que tienen diabetes. Así de grave está el asunto. Y no lo saben porque jamás se hacen exámenes rutinarios de sangre, que deben practicarse por lo menos, una vez al año.

Y si no saben, no se cuidan.

Y si no se cuidan, sus órganos internos se continúan deteriorando. Y cuando las complicaciones llegan a ser mayores, entonces, y sólo entonces, se hacen un análisis de sangre, lamentándose posteriormente por no haberse atendido a tiempo.

Porque ésa es la patética idiosincrasia del mexicano promedio: sólo acude al médico para que le saque las castañas del fuego cuando ya están hechas chicharrón o como dice el refrán popular, "muerto el niño, tapen el pozo".

Lo cierto es que la cultura de la prevención, por desgracia, no viene escrita en nuestro diccionario de responsabilidades. No existe. Punto. Y para muestra, aquí les dejo unos botones:

"Chaleeeeee, si yo me hubiera imaginado… ya me cargó la tía de las muchachas.

"Si yo hubiera sabido, no me habría desayunado todos los días afuera de mi oficina, mi torta de tamal con mi atolito de cajeta y un chocorrol de postre, 'pa que amarre... ¡caray!"

"Yo creí que lo que veía anunciado en la tele, era puro choro del gobierno, nomás para distraernos de sus tranzas que están haciendo, pero jamás, verdá de Dios, pensé que a mí me iba a tocar..."

"Es que si alguien me hubiera dicho, a lo macho, lo que me iba a pasar, la cosa sería muy distinta."

¿Deveras? Pregunto yo.

"Yo pensé...", "yo creí..." Así suele comenzar siempre la infaltable frase que usan algunos(as) al referirse a una posibilidad, hoy inexistente. Recuerdo bien a un personaje que tuvo un papel fundamental en mi vida: Netzahualcóyotl de la Vega.

Netza, mi marido en esa época, era un hombre categórico y de repente hasta lapidario, cuando alguien pretendía justificar su ineptitud o su irresponsabilidad y le salía con la sobada y resobada excusa de que... "¡Ay!, licenciado, yo pensé... yo creí...

"Yo pensé... yo creí" —repetía y me comentaba después cuando llegaba a casa— "Ésa es la excusa del pendejo, créemelo." Y en parte debo reconocer que no le faltaba razón.

Además de esa actitud de "eso les pasa a otros, pero no a mí'", hay hábitos de consumo que desde luego no ayudan a la salud de los mexicanos.

Así sucede con aquellas personas que aun siendo conocedores de que la ingesta de cierto alimento les va a hacer daño, como por ejemplo, unos churros con chocolate o un pastel en el cumpleaños de la tía, o unos tragos con los cuates, o qué tal unos hot cakes con bastante miel de maple, igual se los empujan, ¡faltaba más!

—Al cabo mañana es otro día, ¡qué caray!

Y para acabarla de amolar, no falta la expresión de: "es que yo no pensé que me iba a caer mal". ¡Ajá! ¡Cómo no!

Con esos cuentos y pésimos pretextos, nos podemos pasar la vida entera deteriorando nuestra salud, inexorablemente.

Papá no era de aquellos que inventaba excusas resultado de la ignorancia. Sabía perfectamente bien lo que debía y no debía comer, pero en aquella época, para una persona "altamente dulcera", el padecer diabetes era la peor de las noticias.

Antes, no se contaba con la cantidad enorme de dulces, galletas, pasteles, y un sinnúmero de golosinas que saben bien pero no contienen azúcar, como hoy en día.

Aunque en casa, papá seguía la dieta al pie de la letra, en las tardes le decía a mamá que iba a su despacho. Era una verdad a medias. Papá, efectivamente se iba a su despacho, pero al poco tiempo se escapaba, sin fallar, a la cafetería más cercana para degustar, a escondidas, su deliciosa rebanadota de pay de manzana acompañada de la infaltable bola extra grande de helado de vainilla.

Y es que no es nada fácil cambiar de hábitos de la noche a la mañana y renunciar de por vida, y lo repito, de por vida, a muchos alimentos que nos fascinan.

Otro caso muy cercano que viví como testigo presencial de una paciente diabética fue el de mi nana Eulalia, a quien cariñosamente le decíamos Lala. Ella tenía un sobrepeso importante, quizás unos 40 o 45 kilos de más. Era la clásica gorda, de unos sesenta y tantos años. Eso sí, siempre impecablemente limpia; sus uniformes estaban impolutos y se peinaba su larguísima cabellera con unas largas trenzas que se acomodaba en forma de chongo, sostenidas con unas peinetas.

Cocinaba maravillosamente, pero desde que yo recuerdo, sus piernas estaban hinchadas y permanentemente cubiertas por unas gasas de manta de cielo y encima de ellas, se las forraba con unas vendas blanquísimas. Caminaba con cierta dificultad, como apoyando su peso en los costados de los pies y no en las plantas propiamente. Ella padecía de unas úlceras tremendas que de repente se hacían más pequeñas pero a los pocos días regresaban a su tamaño original, acompañadas de dolores muy intensos, producto de las curaciones que el médico le practicaba. Estaban localizadas en la parte superior de sus pies, por el empeine y estas úlceras eran sangrantes. A veces se complicaban con alguna infección cutánea.

Lala se quejaba constantemente. Lo tremendo del caso es que a pesar de todo su sufrimiento, un día sí y otro también, me la encontraba en una esquina de la cocina, escondiéndose de papá o mamá para no ser descubierta mientras sacaba apresuradamente de la azucarera varias cucharadas de azúcar y se la comía a puños... ¡Sí!, ¡a puños! Pero no conforme con ello, se "bajaba" las cucharadas de azúcar con un refresco familiar de Cola. ¿Y las instrucciones del médico? Bien, gracias.

Yo estoy segura, querido lector, querida lectora, que ustedes también conocen este tipo de experiencias o han sido testigos presenciales, o tal vez, hasta protagonistas, primeros actores o actrices de una historia como ésta, misma que no es, ni con mucho, producto de la imaginación calenturienta de algún guionista trasnochado, sino que, por desgracia, es la más cruda y descarnada realidad que hoy en día viven y padecen muchísimos mexicanos.

Poco a poco papá dejó de ser el hombre dicharachero que había sido toda su vida para dar paso a un hombre malhumorado, a quien todo le molestaba. Nada le gustaba. De todo reclamaba. Yo no podía entender qué pasaba en su mente, en sus sentimientos y menos aún, en su organismo. El último viaje que hicimos mi hija Yoyis y yo acompañándolo a Houston —porque le tocaba hacerse su chequeo habitual cada seis meses—, paso algo muy raro.

Recuerdo que después de un día en el hospital, entre análisis y médicos, nos fuimos a un hermoso centro comercial llamado Galleria. Allí aproveché para comprarles algo de ropa a mis hijas. Papá y yo siempre hacíamos el mismo trato cuando se trataba de ir "de compritas", para que todos estuvieran contentos. Al llegar al centro comercial, cada quien tomaba el rumbo que quería para ver las tiendas de su interés y después nos reencontrábamos en algún restaurante para comer o cenar.

Ese día papá había estado especialmente irritable. Cuando llegamos mi hija y yo al restaurante, papá le echó un vistazo a las bolsas de mis compras que, por cierto, eran varias, y sin decir "agua va" arremetió en contra mía:

—¡Pero qué barbaridad! ¡Qué cantidad de cosas compraste! ¡Ni creas que yo voy a ir cargando todo esto! ¡Tú sabes que yo no puedo andar cargando nada pesado!

—Oye, nadie te está pidiendo eso, papá.

—A ver, me quieres decir: ¿Por qué te gastas tanto en tus hijas? ¿No te parece un exceso? ¡Qué manera de tirar el dinero… deveras!

Me quedé helada. Ese no era papá. En primer lugar, él no se estaba haciendo cargo de mis gastos ni de mis compras. Lo había pagado con dinero mío, fruto de mi trabajo. Pero además, en ningún momento, que yo recuerde, se había comportado como un papá o abuelo pichicato, jamás. Luego entonces, ¿Por qué se le estaba amargando el carácter, si era lo mejor que tenía? ¿Qué le estaba pasando? Yo no entendía nada. Y como no entendía, mi respuesta fue igual de contundente y lamentablemente, hasta grosera.

—Oye, ¿qué traes, papá?, ¿qué abeja te picó…? En primer lugar, a ti no te está costando un peso partido por la mitad, lo pagué con mi dinero. Pero qué bueno que no dependo económicamente de ti, papá. Lo siento por mamá, pobre —le respondí, molesta, mientras intenté tomar un sorbo del vaso de agua que había servido la mesera previamente.

Papá dio un manotazo en la mesa y se levantó sin cenar. Los labios se le pusieron blancos del coraje. Yo me sentí pésimamente mal. Corrí a alcanzarlo y después de una larga plática, me confesó bastante deprimido:

—Mira, Lolita, el doctor me dio este examen —y me mostró un sobre que contenía una especie de tubo de ensayo— que me tengo que hacer porque tiene miedo de que pueda tener cáncer de colon.

La noticia me cayó como agua helada.

—¿Cáncer de colon? ¿Por qué? ¿Peeero qué te duele? —Y claro, ante esto, comencé a llorar, angustiadísima.

—No me duele nada, tranquila. Vas a asustar a la niña, mira cómo te ve. Lo que pasa es que Goens tiene miedo y quiere asegurarse de que todo esté bien.

—Pero tú me estás diciendo que Goens tiene miedo, papá. Y si tiene miedo, es por algo. Dime la verdad, por favor. No me mientas. Tengo derecho a saberlo.

Y claro que tenía todos los derechos. Para mí, papá era la columna vertebral de mi vida.

Mi abuelo, el doctor Luis de la Rosa Martínez, obsequiándome una golosina.
¡Qué lejos estaba de imaginarse del daño que ésto ocasiona a la larga!

CAPÍTULO TRES

LA DOLOROSA AUSENCIA

❈

Lo que es cierto, es que papá estaba sometido a un muy alto nivel de estrés. La depresión también se convirtió al final de sus días en su fiel compañera.

Cuando nos fuimos a Houston, recién acababa de pasar por un cuadro severo, muy severo de herpes soster, que le duró varias semanas, mismo que le apareció alrededor de toda la cintura. Este tipo de herpes se presenta particularmente en pacientes diabéticos, y los dolores —me han dicho— son inenarrables.

Cuando papá de repente tenía ataques agudos de dolor en la zona afectada, se quedaba materialmente doblado y con trabajos, podía respirar. Sólo le escurrían las lágrimas. Sentía —me platicaba— como si una plancha ardiendo se le pusiera sobre la piel o como si miles de agujas lo picotearan al mismo tiempo. No había analgésico alguno que le hiciera efecto. Nada. Cero. Aquí sí, a puro valor mexicano. Es por ello que papá estaba deprimido y francamente cansado.

Por cierto —además de todo lo mencionado—, a los diabéticos nos sucede, guardando toda proporción, algo parecido a los enfermos de VIH. Nuestras defensas están mucho más bajas que las de cualquier persona totalmente sana. Luego entonces, estamos exponencialmente mucho más expuestos a todo tipo de contagios ya sea por virus, bacterias, hongos o lo que se acumule. Con el tiempo, también me enteré que en Estados Unidos, por el alto índice de pacientes existentes con cáncer de colon, las autoridades decidieron que todos, sin excepción, tendrían que practicarse una prueba para poder otorgar o mantener vigente un seguro médico. Hoy en día, a todos los pacientes de 50 años en adelante, se les practica de rutina una colonoscopía (por cierto, pronto me va a tocar a mí) y se repite con cierta periodicidad con el objeto de la detección temprana de este mal. Más vale prevenir… que lamentar. Así lo creo firmemente.

Al regreso de ese último viaje a Houston, papá sobrevivió sólo dos semanas y media. Resulta que el médico le aplicó una vacuna contra la gripa de aquellas primerísimas que salieron al mercado, misma que le provocó cerebilitis, porque aunque las vacunas contienen virus atenuados, son virus al fin y al cabo. Papá tenía bajísimas las defensas. Comenzó por sentirse más agotado que nunca. El doctor San Román, que lo atendía en México fue a verlo a su casa, y fue quien hizo este diagnóstico.

Papá tenía poca sensibilidad en los pies, ya estaba sufriendo también de neuropatía. Le recomendaron quedarse en cama, no moverse para nada, tomar unos medicamentos y esperar a que la cerebilitis fuera cediendo.

—¿Pero doctor, no sería mejor que lo lleváramos a un hospital? Yo lo veo muy mal, muy decaído —le sugerí, preocupada.

—No lo veo absolutamente indispensable en este momento, Lolita, pero por tu tranquilidad, si quieres, lo llevamos —contestó tranquilamente el médico.

—No, yo no quiero ir a ningún hospital. A mí déjenme en mi cama, en mi casa —alegó papá categórico.

—Pero papáaaaaaa…

—Por favor, te lo pido. Déjame donde estoy. No pienso ir a ningún lado.

—Papi, te suplico que me dejes llevarte a que te revisen bien y te curen. Allí vas a tener enfermeras las 24 horas y lo que se necesite, de inmediato se resuelve. Te veo muy malito. Anda. Vamos, yo te llevo ahorita.

Enojado, me miró directamente a los ojos y me soltó subiendo la voz:

—No, ya te dije que no.

Corrí entonces en busca de apoyo. Yo pensé que mamá no iba a permitir que algo malo le sucediera a papá, pero lo cierto es que tampoco quería llevarle la contraria.

—Anda mamá, vamos a llevarnos a papá al hospital. Ayúdame a convencerlo.

—Ya te dijo que no —respondió mamá con un gesto de molestia. ¡No insistas!

—No puede ser. ¿Cómo que no insista! ¿No ves cómo está? ¿Qué te pasa, mamá?

—No voy a contravenir una orden de tu padre. Él dijo que no va y no pienso obligarlo.

—Pero mamá, algo le puede pasar aquí y no me lo perdonaría...

Determinante, haciendo ese gesto que yo conocía demasiado bien, me respondió mamá:

—¡Qué no!, ya te lo dije. No es ¡no!

Bajé las escaleras, furiosa y llena de impotencia. Tenía la impresión y casi la certeza de que la vida de mi padre se estaba apagando y yo no podía hacer absolutamente nada para evitar su decadencia física y emocional. Di un portazo y sólo atiné a decir...

—¡Me lleva el carajo! ¡Pinche necedad!

No sé a ciencia cierta si los hijos con los padres o al revés, desarrollamos algún tipo de corazonadas o premoniciones que de alguna manera nos permiten alertarnos cuando algo anda mal. Sexto sentido, le llaman algunos.

Mi abuela Lolita, mi Tatá —como siempre la llamé—, preocupada por la salud de su hijo, decidió irse unos días a su casa para acompañarlo; cosa que me llamó la atención, porque la relación de ella con mamá no era precisamente de lo mejor.

Aquél fatídico primero de marzo, día en que papá se fue para siempre, hablé por teléfono con él, temprano, para preguntarle por una cámara de video que recién había comprado para grabar algunos reportajes.

—No te preocupes mi hijita. Ya leí el instructivo y la cámara está puesta encima del piano. ¿Sabes? Tengo mucho sueño —dijo en tono cansino—, a pesar de que he estado todos estos días dormido. Voy a echarme otro sueñito. ¿Tú te vas a grabar al rato? —preguntó con voz cada vez más débil.

—¡Sí, papi! Toño ya llegó. Me está esperando.

—Bueno mi amor, ve a que Toño te peine y te maquille y luego, cuando regreses, nos hablamos. Si quieres mandar por la cámara, aquí está.

—No te preocupes, papi. Cuando acabe la grabación, yo me voy para allá. Que descanses. Un beso.

—Sí, aquí nos vemos. *I love you.*

—*Me too.*

Toño, quien se encargaba de arreglarme para mis programas, ya había acomodado todos los maquillajes encima del enorme tocador y me estaba esperando, ansioso, ya que teníamos el compromiso de ir a entrevistar al líder de la FETSE para la siguiente emisión que iba al aire.

—¡Ándale, Señora! ¡Apúrate!, que se nos hace súper tarde. Ya tengo toooodo lixto, hasta tu vestuario.

—¡Ya voy!, Toñito. ¿Te sirvieron un café?

—Ya me tomé hasta dos. Deja de hablar por teléfono, al cabo que terminando te vas volada a ver a tu papi. ¡Áaaaandale, mujer!

—Aquí estoy. Mientras tú me peinas, yo me puedo ir maquillando, para adelantar; ¿qué te parece?

—Me encanta la idea. Después te enseño el sweater que me estoy tejiendo ahora. El estambre me lo trajeron de Laredo. ¡Te va a fascinar, yo sé lo que te digo! Me está quedando di-vain. Pero cuéntame, ¿cómo sigue tu papi? ¿Ya mejorcito? Yo le he estado pidiendo a San Juditas, que es muy milagroso, para que el inge se cure. Hasta le puse una veladora anoche.

—La verdad, no sé, Toño, no te sabría decir a ciencia cierta.

—¿Pero cóooooomo! —preguntó muy sorprendido.

En ese momento yo necesitaba comentar con alguien lo que me estaba consumiendo las entrañas por la aflicción.

—Yo lo veo sumamente decaído, sin ganas de nada. No sé si es la diabetes, o la depresión, o los efectos del herpes o su hartazgo o todo esto junto.

En eso estábamos, cuando el teléfono comenzó a sonar insistentemente. Me levanté a contestar y del otro lado del auricular escuché la voz de mamá que estaba verdaderamente afligida, nerviosa y casi a gritos me dijo:

—Lolita ¿Me oyes? ¡Vente de inmediato porque tu papá se acaba de desmayar!

—¿Qué quéeeeeee?

—Está desmayado. Vente por favor ahorita mismo para acá.

—¿Mamá, dónde lo tienes, donde está?

—Aquí, se cayó en el vestidor.

—No tardo nada, voy para allá.

Tomé mi bolsa de mano y corrí escaleras arriba acompañada de Toño rumbo al garaje.

—¡Qué barbaridad…!, ¡qué barbaridad! —repetía Toño una y otra vez, mientras íbamos en mi coche, camino a casa de papá. Pero no te preocupes, manita, el inge va a estar bien. Es sólo un desmayo. Vas a ver que cuando lleguemos, él ya va a estar despierto. Te lo prometo… —y a continuación se concentró en su oración: Padre nuestro que estás en los cielos, santificado sea tu nombre…

Yo temblaba como una hoja. Un mal presentimiento se apoderó de mí. No lo pude evitar.

—Toño, no me preguntes por qué, pero tengo la sensación de que mi papá acaba de morir.

—¡Ay, no digas eso, por Dios! ¿De dónde lo sacas? —y continuaba rezando—… el pan nuestro de cada día dánosle hoy y perdona nuestras ofensas…

—No me preguntes. Es como un presentimiento terrible. Mira como estoy, ¡chinita! Lo siento aquí, dentro de mi pecho. Siento que me ahogo. Como si me faltara el aire. No te puedo explicar bien a bien.

—Son los nervios, manita, es tu angustia. Pero por favor, tranquilízate. Es natural. Ya vamos a llegar. Mira, sólo faltan unas cuantas cuadras.

Los pocos minutos que tardé en llegar a casa de mis papás me parecieron una eternidad. Por fin, llegamos. La empleada doméstica me esperaba con la puerta de la entrada de la casa, entreabierta.

—Pásele señora. La están esperando allá arriba.

—¿Cómo está mi papá? Ya despertó. ¿Verdad? —le pregunté mientras subía, a grandes zancadas las escaleras.

—No señora, todavía no. Ya jui a la casa de dos vecinos que son doctores para que vengan a ver a su papacito, pero nada, andan trabajando. Su mamá creo que le habló a otra vecina doctora y ya viene para acá.

Al llegar a la recámara, percibí un olor distinto, muy extraño. El olor de la sinrazón, de la amargura. Del vacío. Me encontré con un cuadro que jamás podré olvidar: papá estaba sentado en el piso del vestidor, pegado al closet, con los ojos cerrados y la boca entreabierta. La mandíbula inferior la tenía colgada. Estaba de un color pálido verdoso. No supe qué hacer. El impacto me dejó paralizada. No pude acercarme. Pensé que si lo movía le podía hacer daño. Papá había muerto… pero yo no podía, no quería aceptarlo. Mi mamá llamaba vía telefónica una y otra vez a la vecina de la casa de junto para que le hiciera el favor de localizar a otra vecina doctora que vivía en la colonia. Ella le repetía a esta señora que era necesario hacer reaccionar a papá para sacarlo de su "desmayo". Tatá, mi abuela, caminaba de un lado para otro y temblaba sin parar. En una de sus manos, la izquierda, tenía un enorme moretón. Me acerqué a ella y le pregunté:

—Tatá: ¿Qué te pasó? ¿Por qué estás golpeada y con la sangre molida en tu mano? ¿Qué sucedió con papá?

Apenas si me pudo contestar. El llanto se apoderó de ella.

—Ay, mi reina, yo estaba acompañando a tu papá mientras Conchita estaba abajo, en la cocina, preparándole su comida. De repente se levantó al baño y me dijo que quería rasurarse. Así comenzó a hacerlo y no recuerdo cómo fue que levantó los brazos, y se desvaneció, cayendo sobre mí. Yo traté de detenerlo, pero no tengo las fuerzas para cargarlo, ya estoy muy vieja, sin embargo, alcancé a meter mi mano para que no se golpeara tu papá la cabeza con el lavabo, por eso tengo mi mano lastimada. A mis gritos —añadió—, tu mamá subió corriendo, y las dos pudimos ver que tu papá todavía hizo el intento de tomarse el pulso con la mano derecha. Pero ya no pudo, porque comenzó a hacer unos ruidos muy raros y se quedó desmayado en los brazos de tu mamá. Eso es todo lo que pasó.

Yo sabía… la lógica me gritaba que no era un desmayo. Pero no me atreví a ponerle un espejo para ver si seguía respirando ni tampoco le tomé el pulso. No podía ni quería aceptar que papá ya no estaba allí. No podía ni quería asumir que lo que tenía enfrente era un cuerpo sin vida, inerte.

A la media hora llegó la señora de la casa de al lado con una vecina que es médico; ella exploró a papá con minuciosidad. Con profunda pena, volteó a ver a mamá, a mi abuela y a mí, movió la cabeza de un lado a otro y mamá de inmediato le preguntó:

—¿Se murió?

—Sí, lo lamento muchísimo, Conchita. No hay nada que hacer —dijo mirando al piso de la habitación.

Yo corrí entonces como una loca, descendí escaleras abajo, dando de alaridos como un animal herido, internamente desgarrado. Era quizás una mezcla de sentimientos similar a la que papá había experimentado cuando murió mi abuelo; pero en este caso en particular, fue mucho peor, porque yo responsabilicé directamente a mi mamá por el hecho de no apoyar mi decisión para trasladar a papá al hospital. Si lo hubiéramos hecho tal vez se habría salvado. Hubiese vivido más tiempo. No se habría caído. Estaría todavía con nosotros.

Me convertí en un rosario de conjeturas y reclamaciones a grito abierto.

—Tú tienes la culpa, mamá, por tu maldita necedad se murió mi papá.

—Pero Lolita, ¿cómo me estás diciendo eso?

—Noooooo. Noooooo. Tú eres la responsable de todo lo que está pasando. Si me hubieras hecho caso y me hubieras apoyado para que mi papá recibiera la atención médica en un hospital, no estaríamos en estas condiciones…, ¡pero noooooo! ¡A huevo había que hacer lo que tú dijeras! ¿Verdad! ¡Ya estarás contenta! —le solté enfurecida, descompuesta.

—Lolita, yo sé que es el profundo dolor lo que te está llevando a decirme estas cosas…

—¿Profundo dolor… ¡ ¿Profundo dolor, dices! ¡Se murió mi padre!, mamá, ¡entiéndelo! Se me murió y no pude hacer nada. El llanto cegó mis ojos, ahogó mi garganta y sacudió mi vida dejándome en la más profunda desolación y desconsuelo.

*Mi adorada abuela Lolita "Mi Tatá", quien siempre me colmó
de ternura y apoyo incondicional.*

Mi abuelo Luis y yo.

Mi abuelo materno, el maestro José Sabre Marroquín,
compositor y director de orquesta, y yo.

Como una pavorosa pesadilla tengo muy presente a un collie que yo les había regalado a mis papás. Desde que papá estaba chiquito, siempre había tenido perros y los collies, de manera particular, eran su adoración. Thomson —su nombre— comenzó a aullar fuertemente, sin parar, durante casi media hora. Parecía como si él también sintiera en carne propia, la súbita ausencia de papá. Era una mezcla larga y dolorosa de aullido y lamento. El resto de los perros de la cuadra, al escucharlo, comenzaron a aullar con él a la par.

—¡Con un demonio, ya callen a ese perro! —grité desesperada

Pero no había forma de acallar esos aullidos que taladraban mi cabeza una y otra vez. Thomson también estaba muy triste. Su amo se había ido y lo había dejado para siempre.

Desde pequeñita disfrutaba mucho de la escritura.

CAPÍTULO CUATRO

EL DOLOR DE LOS DOLORES

❈

Todos, ante la tragedia de la muerte de un ser querido, reaccionamos de maneras distintas, mucho muy distintas.

Mi abuela, a partir del momento en que escuchó de la voz de la doctora anunciando que papá había dejado de existir, se aposentó de lado de su cama sosteniéndole la cabeza, y así lo tuvo en sus brazos todo el tiempo. No se separó un solo segundo de él. Parecía como si con el calor de su regazo quisiera protegerlo o tal vez revivirlo.

La escultura de La Piedad, del extraordinario Miguel Ángel, siempre fue una de mis favoritas, por la finura y minuciosidad de los detalles logrados en esa obra maestra…, pero esa tarde, "La pietà", como nunca antes, tomaba forma humana frente a mis ojos y con dos de mis seres más amados, más entrañables, como protagonistas: esa tarde tenía ante mí a una madre sosteniendo entre sus brazos a su hijo muerto. Y conste, no estoy comparando a mi abuela con la Virgen María ni a papá con Jesús. Desde luego que no. Simplemente la escena que tenía enfrente evocó esa escultura en mi memoria que me quedó esculpida a perpetuidad.

Eso que yo llamo el dolor de los dolores. Porque perder a un hijo es antinatural, porque todos de alguna manera esperamos que nuestros antecesores se vayan primero, o quizá un marido, un hermano, … ¿pero un hijo? Eso no tiene sentido, no está contemplado en el guión de la vida. No se vale, vamos, es tan terrible que ni siquiera tiene un adjetivo calificativo. ¿O cómo se le podría llamar? No es una orfandad, ni tampoco una viudez. Es simplemente eso, el dolor de los dolores, el más profundo de todos, lacerante y lapidario como ninguno.

Papá había fallecido a media mañana del primero de marzo, pero hasta bien entrada la tarde, llegaron los de la funeraria por él. Netza, quien fuera mi esposo en esa época, se había encargado de todos y cada uno de los trámites y preparativos necesarios para darle a mi padre cristiana sepultura.

Como mi esposo era senador de la República por el estado de Guerrero, líder nacional del STIRT (Sindicato de Trabajadores de la Radio y la Televisión) y miembro del comité nacional de la CTM, el desfile de políticos y personalidades en la funeraria no se hizo esperar. Parecía una pasarela más que un velorio. Yo estaba obligada a medio sonreír y agradecer el gesto de los visitantes. Era lo políticamente correcto, aunque por dentro tenía una sensación, como si me hubieran amputado una pierna o un brazo y estuvieran metidos en el ataúd de papá. Es algo muy difícil de explicar, de entender incluso. Va más allá del duelo. Es tremendo.

Mamá se encontraba muy atribulada en una pequeña salita. Casi no lloraba, estaba como ida. La muerte de papá fue tan inesperada para ella como inaceptable. Tuvieron que pasar algunos días para que, finalmente ella tomara plena conciencia de esta lamentabilísima pérdida.

Yo parecía una magdalena. No había poder humano que me pudiese consolar. ¡Y cómo no! Si mi relación con papá era, según Netza, prácticamente simbiótica.

—No lo puedo creer, mi vida, deveras te lo digo. —siempre me comentaba— No entiendo. En las mañanas cuando me voy al sindicato te dejo hablando por teléfono con tu papá. Te pasas todo el santo día con él y cuando regreso de trabajar estás otra vez colgada del teléfono hablando con don Luis. ¿De qué tanto platican?

—De todo y de todos, de los guiones que me escribe, de los invitados del programa, de las próximas tomas que está planeando, de las niñas, de los parientes, de todo un poco. Qué te digo: cada vez que papá abre la boca, para mí es como una gran lección de vida.

—Nooo pues sí, y bajo esa premisa, ya debes estar doctorada varias veces. Jajajajaja. Anda, vamos a cenar que se hace más tarde y yo tengo mucha hambre. ¿Ya estará listo el espagueti que me prometiste?

—¡Claro! Y también la ensalada que tanto te gusta.

Así de intensa era la relación con papá.

En esa época, mi relación matrimonial era prácticamente perfecta. Netza, protector por excelencia, estuvo todo el tiempo al pendiente de mí. No me dejó sola un segundo. Yo veía en él cierta desesperación porque no sabía cómo consolarme, como tranquilizarme. Quería llevarme a casa a descansar un rato. Me insistía que comiese aunque fuera un poco. Me recordaba que habría que preparar a las niñas para la noticia de la muerte de su abuelo, porque yo no quise que lo vieran metido en un ataúd, sino que se quedaran con el recuerdo de la imagen de mi padre, vivo. Y en medio de esta vorágine, seguían llegando más y más políticos a presentar sus condolencias al velatorio.

Lo que sin duda, resulta muy desgastante, es que casi cada una de las personas que llega a verte a la funeraria, lo primero que te dicen es:

—Mi más sentido pésame, estamos con usted.

Acto seguido, aparece la infaltable pregunta:

—¿Pero qué fue lo que pasó? ¡Quien lo dijera… tan bien que se veía el ingeniero…!

Unos preguntan por una auténtica preocupación, cariño y solidaridad. Otros, nada más por saber el chisme completito. Y allí está una, con el alma desgarrada, sangrante, repitiendo una y otra vez la misma historia, que mientras más se repite, más lastima. Es como si a una herida se le embarrara un puño de sal o de chile a cada pregunta, a cada comentario.

Tampoco faltan a los velorios aquellos que quieren hacerse notar o si el difunto era alguien famoso, o pariente de un personaje, aprovechan la coyuntura para ser vistos. Como diría mi entrañable don Fidel Velázquez, "el que se mueve, no sale en la foto". Y allí están quietecitos cuando llega la prensa, con cara de compungidos, mientras minutos antes habían estado en la cafetería, chacoteando a carcajadas, contando el más reciente chiste de Pepito. ¿Les resulta familiar también esta escena?

Sí… en esos momentos quisiera una estar encerrada, aislada, tratando de hacer esfuerzos sobrehumanos para poder comenzar a digerir la terrible pérdida de ese ser tan amado, tan nuestro. Hacer un balance de todo lo vivido, todo lo compartido, todo lo disfrutado y todo lo sufrido… pero los visitantes y las circunstancias no te lo permiten. Te arrastran.

La capilla ardiente estaba a reventar de coronas y arreglos florales. El ambiente se sentía húmedo, pegajoso y hasta asfixiante por el olor que despedía tal cantidad de flores. Finalmente, el ataúd que contenía los restos humanos de papá hizo su entrada, transportado en una estructura metálica por cuatro empleados de la funeraria, elegantemente vestidos. De inmediato en la sala se hizo un respetuoso silencio. Sólo se escuchó el taconeo de los pasos de mamá quien al acercarse al ataúd fue abordada por uno de los empleados de Gayosso:

—Señora, ¿quiere usted que le dejemos la tapa de la caja abierta o cerrada?

—Cerrada, por favor. Muchas gracias.

Existen ciertas costumbres que se dan en los pueblos o hasta en ciudades medianas que de tanto repetirse se convierten en tradición. Algunas de ellas, como su música, sus festejos, su cultura o su gastronomía, resulta un deleite. Lo que nunca he podido entender es ese afán de poner a los muertos como en vitrina, en exhibición. Como si fuera lindo ver a un cadáver mostrando ese color pálido verdoso muy característico en su rostro inanimado, quizás hasta con los párpados o los labios entreabiertos. Si bien hoy en día hay grandes maquillistas que logran disfrazar esto un poco, lo único que jamás podrán ocultar es el rictus de la muerte.

Por eso mismo no entiendo cuando los familiares abren las tapas de los ataúdes para que los amigos, vecinos, compadres, compañeros de trabajo y hasta "colados", pasen a hacer las famosas "guardias" mientras presentan sus respectivos "respetos". Me da la impresión que detrás de estas aparentes explicaciones, se esconde una especie de morbo malsano para ver cómo quedó el difunto. No me gusta.

Tampoco le gustaba a papá y en varias ocasiones hablamos del tema.

—Es preferible —me decía— que la gente lo recuerde a uno como era, con vida, y no mostrarles unos restos humanos que, por cierto, no es una escena nada agradable. Cuando a mí me toque, por favor Lolita, cierren la caja y no me vayan a poner en exhibición, por favor —me pedía con una leve sonrisa, una sonrisa cómplice.

—Pierde cuidado papi… pero si yo me voy antes, ahí te encargo lo mismo —le devolví el gesto cómplice—. ¿Trato hecho?

—Ay, Lolita, por favoooor. ¡Si todas las mujeres por parte de la familia de tu mamá y de la mía viven como Matusalén! Qué cosas se te ocurren, hijita —y sonrió, mientras me acariciaba una mejilla.

—Perdóname, pero nadie tiene la vida comprada.

—Eso sí, no me cabe la menor duda. Pero tú me vas a enterrar a mí. Ya lo verás.

—Papá, por favor, ya no hablemos de eso que nada más me deprime. ¡En buena onda!

—Está bien, está bien. Pero ya tenemos un trato. Conste.

Hacía algunos años me había comprometido con papá y, llegado el momento, cumplí cabalmente con él y con mi palabra. Menos mal que ahora mamá no se opuso.

Al día siguiente, muy temprano, llegó mi tío Esteban Jasso, quien es sacerdote, a celebrar una misa de cuerpo presente. En la capilla no cabía una sola alma más. Habían tres ausentes: mis dos hijas, que estaban muy pequeñas; y mi abuela, que se había quedado en su casa porque no tuvo las fuerzas necesarias para acudir a la funeraria a velar a su hijo. Verdaderamente, no pudo. Y no fue por falta de amor sino por exceso de dolor. Papá era todo para ella. A falta de mi abuelo, él se hizo cargo de atenderla, de cuidarla, de mimarla, de velar por sus intereses, a tal punto que su muerte provocó en Tatá una depresión tan profunda, que jamás pudo salir de ella.

El apoyo de papá a su madre era total. Recuerdo muy bien que algunas noches, cuando el reloj marcaba que pasaban de las once, Tatá solía marcarle por teléfono a papá y le decía:

—Bueeeeno, ¿Güicho?

—Dime mamá qué se te ofrece —respondía con voz adormilada.

—Fíjate que necesito sacar dinero de la tarjeta, así que por favor ven para acá por ella y luego sácame un dinerito del cajero. ¿Sí?

—Pero mamá ¿Ya viste la hora que es? ¡Son más de las once de la noche! ¿Qué no puede ser mañana tempranito? Los asaltantes están a la orden del día. Si yo voy solo, nomás imagínate a qué me expongo. ¿Qué tiene que ser en este preciso momento?

—Es que yo necesito ese dinero.

—Pero mamáááá…

—Bueno —repondía—, si no quieres ir, dímelo y yo me levanto, me visto y voy.

—Está bien, mamá. Ya voy.

Y así, mi pobre padre, tenía que atender a Tatá quien a esas alturas, ya era una mujer muy mayor y con un alto grado de necedad. Pero el amor por su madre, lo hacía sentirse responsable.

A las once de la mañana estaba programada la salida del cortejo al panteón. Minutos antes, mamá se me acercó y me dijo que sería bueno que me despidiera de papá. Yo me resistía a acercarme a la caja.

No podía. No quería.

Ante su insistencia, caminé de su brazo y cuando levantaron la tapa por unos instantes, me encontré con un señor que ante mis ojos no era mi papá, por lo menos así lo sentí. Él nunca había usado bigote en toda su vida, pero cuando lo arreglaron y terminaron de afeitarlo en la funeraria le dejaron el bigote. Se veía delgadísimo, con la piel pegada a los pómulos y su tez no era de su color. Papá fue muy blanco y sin embargo, muerto, no se veía así. Mamá, entre sollozos, le balbuceó algunas frases y lo persignó en repetidas ocasiones. Cerraron de inmediato la tapa y todos los presentes iniciamos el camino para llevar y acompañar a papá hasta su última morada.

Al llegar al panteón me encontré a un hombre entrañabilísimo que había sido amigo de mi padre y me conocía desde que era una niña; pasaron los años y no sólo se convirtió para mí en un gran maestro, sino además, en ese momento, era él quien engalanaba mi programa "Hablemos Claro" (lo hizo desde la primera emisión) presentando semana a semana, el tema a tratar y a los invitados: don Pedro Ferriz Santacruz. Todo un señorón. Cuando me percaté de su presencia me abracé a él, desesperada.

—¡Peter, se me fue… me dejó mi papá! —le dije a gritos mientras el llanto desbordado, cortaba mi respiración.

Cuando tenía 6 años comencé a hacer comerciales para radio y televisión.

—Sí, mi hijita, qué dolor más grande. Tu padre te adoraba. ¡Qué me lo pregunten a mí! ¡Qué pérdida más lamentable...! ¡Caray!

Netza no me soltó nunca el brazo. Aunque era un hombre más bien introvertido y discreto, se mostraba en verdad muy afligido al darse cuenta que su joven esposa se estaba yendo a un pozo profundo de depresión, en caída libre. En el fondo de ese pozo, él tenía que construir y con prontitud, una enorme red que pudiera rescatarme y sostenerme anímicamente. El reto no era nada sencillo, pero Netza era un hombre de retos y estaba dispuesto a hacer todo lo posible para recoger los pedazos de mi corazón y pegarlos cuidadosa y minuciosamente... paso a pasito, uno a uno. Lo peor todavía estaba por venir.

Mi mamá comprándome un globo en un clásico paseo de domingo.

CAPÍTULO CINCO

MIS DOS NUEVOS AMORES

Cuando un ser querido fallece, dentro de la tragedia y el dolor que provoca, de pronto los deudos nos vemos envueltos en mil y un pendientes que deben atenderse de manera inmediata: los arreglos de la funeraria; si el difunto va a ser enterrado, la compra del espacio en el panteón; o si pidió ser incinerado, conseguir el nicho donde se depositarán las cenizas. Por supuesto, no puede faltar el cura para las misas; además de avisar a los familiares y amigos, recibirlos a todos, atenderlos, llorar por la lamentabilísima pérdida, asistir al panteón o al crematorio, y de allí los rosarios o las misas... Pero, por lo menos, durante 15 días, de una manera o de otra, estamos más o menos acompañados.

Sin embargo, conforme el tiempo continúa con su paso inexorable, nos vamos percatando de toda la real y cruda magnitud de la pérdida que hemos sufrido, y hasta dónde llega el sentimiento de vacío y de pérdida.Y así comienza el largo y pavoroso proceso del duelo. A mí así me sucedió...

Cuando sonaba el teléfono, creyendo que era él y corría a contestarlo, me daba cuenta que ya nunca más escucharía su voz...

Cuando llegaba a la cafetería y los meseros, que no sabía nada, me preguntaban insistentemente por él...

Cuando durante un tiempo, después de su partida, siguieron llamando para pedir una cita con el ingeniero...

Cuando llegó su correspondencia, la cual nunca más tuvo respuesta alguna...

Cuando viví el primer cumpleaños, la primera navidad, los siguientes programas de televisión, todo esto sin él...

Cuando tenía un problema e imaginaba que podría correr a su lado, sabiendo que su consejo era el más inteligente y mesurado y sus brazos me darían la sensación de protección, sabiduría y certeza...

Cuando comencé a revisar sus cosas en su oficina y me encontré con historias y vivencias que quizás nunca hubiera querido conocer, porque ésa era una parte de su vida que en mi calidad de hija no me corresponde juzgar, tal vez, sólo entender, o simplemente respetar...

Cuando vi el lado de su cama, vacío, y a mi madre, sola...

Papá ya no estaba allí.

Otro de los momentos más difíciles para mí fue cuando mi mamá, mi Tatá y yo tuvimos que hablar con mis dos hijas e informarles que su abuelo, Patatito —como lo llamaban cariñosamente—, nos había dejado para siempre. Durante el velorio y el entierro se les dijo que papá había sido trasladado a Houston para que su médico lo atendiera en el hospital. Yo continuaba en contacto permanente con ellas vía telefónica y, aunque me escuchaban con la voz entrecortada, les decía que papá seguía muy delicado. Ahora había que prepararlas, aunque ante una noticia como ésta, creo no hay preparación que valga. El dolor es igual... exactamente igual de desgarrador, con preparación o sin ella.

Papá adoraba a mis hijas. Cuando nació la primera, Yoyis, papá entró conmigo al quirófano para ser testigo presencial de ese milagro maravilloso de vida que es dar a luz. Yo le pedí a él que no me dejara sola por ningún motivo.

Llegado el momento se acobardó un poco, pero mamá salió al rescate:

—Güicho, tú le prometiste a Lolita que estarías con ella y ahora no te puedes hacer para atrás. Así que entra, vístete y acompáñala.

El quirófano estaba mucho más frío que la sala de labor. Todo se veía limpísimo. Las enfermeras, con sus cubrebocas y gorras, acomodaban el instrumental que estaba cuidadosamente puesto en una mesa auxiliar. Las verdes paredes de azulejo serían testigos de uno de los momentos más importantes de mi vida y, desde luego, de la de mi padre. El anestesista me pidió que me pusiera de lado, hecha bolita, abrazando mis rodillas contra el pecho, cosa que resulta muy complicada cuando hay una enorme panza en medio.

—Señora, a ver, póngase flojiiiita, flojiiiiiiiita.

¿Flojita? Entonces pensé, enojada: qué lástima que los médicos del sexo masculino nunca han sabido lo que son las contracciones. ¿Cómo pretenden que las parturientas nos pongamos flojitas, si el dolor nos tiene profundamente tensas? ¡Qué poca madre!

—A ver, pegue más sus rodillas a su pecho... máaaaas... noooo... todavía le falta... máááás....Venga...

Y yo estaba morada por el esfuerzo. Sentía que se me saltaban los ojos. Menos mal que durante el embarazo, no me dio diabetes gestacional; subí 23 vergonzosos kilotes.

—Le voy a explicar —dijo pausadamente el médico—..., a ver: voy a introducir una aguja en su columna, leeentamente. Va a sentir un piquete y después va a tener la sensación como si le cayera agua por la espalda. En el momento en que sienta la punta de la aguja, respire profundo, muuuuy profundo.

Yo siempre he tenido terror a las agujas. (Qué digo terror; lo mío ya es una fobia.) Alcancé a ver de reojo la famosa aguja: medía como 20 centímetros. Me puse mucho más nerviosa, como es natural. Volteé la mirada a la puerta y allí estaba papá, vestido como médico, caminando hacia mí.

—¡Papáaaaa! ¡Qué bueno que llegaste! Te estaba esperando.

—Aquí estoy, yo te dije que no te iba a dejar sola, mi amor. A ver, dame tu mano y aprieta la mía, si te duele.

No me dolió. El anestesista tenía muy buena mano. Al girarme, las enfermeras me pusieron un marco de aluminio y encima de él, una especie de sábana estéril para dejar libre y aislado el vientre donde el doctor Miguel Ángel Robles practicaría la cesárea. Me habían tenido once horas en trabajo de parto y jamás presenté dilatación. Por lo tanto, no había de otra.

Papá no dejaba de hacer bromas para destensar un poco el momento. No me dolía nada, pero podía sentirlo todo. Sentí cuando me embarraron de jabón líquido, después, una solución yodada, para desinfectar.

Papá me dijo que no me estaban haciendo todavía nada, que el doctor estaba "jugando gato en mi panza". Yo sonreí y le dije:

—Ay papi, por favoooor, si yo lo estoy viendo to-do.

—¿En dóoonde? —me preguntó, asustado.

—Mira: ¿ves la lámpara enorme de aluminio que está sobre mí? Ven, asómate. ¿Ves? El doctor ya me está cortando.

No terminaba mi frase cuando sentí literalmente como si me arrancaran algo de las entrañas. El doctor la jaló tres veces, mi hija lloró después de una nalgada y la enfermera, de inmediato la pasó a una mesa tibia, donde la pesaron y el pediatra checó todos sus signos.

Papá corrió a verla y, según sus palabras, se encontró con un par de ojos azules enormes que lo veían fijamente. Y yo quería saber:

—Papi, ¿cómo está mi bebé?

—Muy linda. Tiene unos ojotes hermosos. Hooola preciosa, hooooola —le decía a Yoyis, mientras la enfermera la limpiaba—. Yo soy tu abuelo. Bienvenida a este mundo, mi amor. ¡Qué linda estás!

Bella escena que se interrumpió por un invitado indeseable.

—Doctor, ya me está doliendo. Por favor —supliqué—, pónganme algo.

De inmediato el anestesiólogo me puso un medicamento lechoso en el suero y no supe más hasta que abrí los ojos en la habitación. Mamá estaba muy emocionada, mi abuela, ni se diga. Para ella era su primera bisnieta. Pero papá irradiaba una felicidad como nunca antes le había conocido. Había llegado su nueva niña. Yoyis me había destronado.

—La niña es totalmente De la Rosa —repetía papá, categórico—. Es igualita a su mamá, idéntica a Lolita. Cuando la conocí en el quirófano, me recordó muchísimo a mi hija cuando estaba recién nacida. Lo único distinto es que Lolita nació de pelo lacio y la bebé tiene el pelo ligeramente ondulado.

Efectivamente, la niña era De la Rosa por los cuatro costados.

Seguramente ustedes se preguntarán: ¿Y el marido? Bueno, para no variar, Miguel se fue a "celebrar" y se puso una tremenda borrachera con sus cuates: Chava López, Mario Ruiz y Billy, su amigo de la infancia.

El hecho de que papá hubiera estado presente en el nacimiento de Yoyis y la conociera antes que nadie, creó entre ellos unos lazos fortísimos. Todos los días que pasé en el hospital, papá se quedó a dormir conmigo en la habitación, a cuidarme. Por lo menos eso me dijo. Y es que a la mañana siguiente del alumbramiento, tempranísimo (eran como las seis de la mañana), papá de repente se levantó, se dio un baño, se vistió rapidito y me dijo:

—Ahorita vengo hijita, no me tardo.

—¿A dónde vas? Todavía no llega nadie. No seas así, no me dejes aquí sola.

Los dolores de los famosísimos entuertos me tenían muuuy mal. Hasta aquellos días no le dejaban a una un catéter con anestésico para controlarlos. Había que aguantarlos a puro valor mexicano.

—Mi amor, no me tardo nada. ¿Qué no te das cuenta que ya pasaron casi 21 horas y la niña no me ha visto?

Sí, definitivamente…, Yoyis y papá se adoraron desde el primer momento en que se vieron.

Con Susu (Alejandra) las cosas no fueron muy distintas, salvo el tiempo de su llegada. Como a papá le encantaban las niñas, estaba feliz de saber que llegaría otra más a la familia. Todo iba bien con mi embarazo hasta que por un pleito muy fuerte con Miguel, producto de su alcoholismo —él juraba una y otra vez que dejaría de beber y jamás cumplió—, acabé con contracciones en el hospital. Mi segunda hija nació a los seis meses de gestación.

—Ingeniero, señoras… la bebé está muy pequeñita —les comentó, preocupado, el pediatra a mis papás y a mi abuela—. No puedo garantizarles la vida de la niña. Haremos todo lo posible y más por salvarla, pero no es un caso sencillo.

Habían puesto a Susu en una incubadora, llena de tubos por todas partes. A mí me habían sedado.

Cuando desperté en mi habitación, le pregunté de inmediato a la enfermera:

—Señorita… dígame por favor… ¿Cómo está mi bebé?

Titubeante, la enfermera me dijo:

—Esteee… mire, yo no le puedo dar ninguna información. Ahora que venga su médico, él hablará con usted.

Yo, por supuesto, me imaginé lo peor. Pedí de inmediato una silla de ruedas para bajar al cunero. La enfermera me decía, insistente:

—Señora, no podemos bajarla todavía. Hace una hora que salió de recuperación. Tiene que esperarse hasta mañana, por favor,

—¿Está usted loca? Yo quiero ir a ver a mi hija. Si usted no me quiere decir qué está pasando con ella, yo voy a ir al cunero.

—Pero, señora…

—Y si no me trae una silla de ruedas, ¡me bajo caminando!, pero nadie ¿lo oyó usted bien?, nadie me va a detener.

—Permítame, vamos a llamar a su médico…tranquilícese por favor.

—Que se tranquilice su abuela. ¿Qué no entiende? ¿Usted no tiene hijos?

—Todavía no —exclamó bajando la mirada.

—Pues ojalá que el día que los tenga, no les pase nada y le salgan muy sanitos. ¡Mi hija es prematura! y yo tengo que ir a verla ahorita mismo.

—Está bien, está bien, pero tranquila, por favor. Voy por la silla de ruedas, nada más no se me vaya a levantar o a hacer un esfuerzo, porque se le abre la herida, señora, y el doctor Robles me puede llamar seriamente la atención. No tardo.

Y efectivamente, la enfermera regresó de inmediato. Me vio tan agitada, tan preocupada que se dio cuenta de que, a pesar del dolor de la herida y todavía un poco mareada por el efecto de la anestesia, no había poder humano que fuera a detenerme.

Cada vez que se menciona "el cunero", en un hospital, es sinónimo de felicidad, ya que por fin, después de una larga espera, padres, familiares y amigos tienen la posibilidad de conocer a ese lindo bebé recién nacido, que contemplan a través del cristal en que se puede ver una hilera de cunitas y dentro de ellas, envueltos de azul o rosa, la culminación de un amor, de una vida que llega como bendición de Dios. Allí está el milagro de la vida, pequeñito e indefenso… expectante.

Pero poco o casi nada se habla de la sección de incubadoras, o terapia intensiva, en donde están aquellos bebitos que nacieron bajo condiciones muy difíciles y que están luchando por sobrevivir. El panorama y la experiencia son muy diferentes a los cuneros normales.

Cuando finalmente llegué a la sala de incubadoras, de inmediato me vistieron con gorro, bata esterilizada y cubrebocas para tener acceso hasta donde estaba mi bebé. Al acercarme, la vi tan chiquitita… Tenía un sonda dentro de la nariz que le llegaba al estómago y por allí la estaban alimentando, ya que mi hija no tenía ni siquiera fuerzas para succionar. La aguja del suero, la tenía metida en su minúscula vena de su pequeñísimo pie derecho. Su pechito subía y bajaba, con una respiración agitada. Tenía sobre la cabeza una especie de capelo de acrílico. Era idéntica a Miguel, su padre, casi parecía su doble. Lo único que había sacado mío era la boca y el cabello lacio, pero nada más. La estaba observando detenidamente cuando llegó el pediatra, me tomó de los hombros y me dijo:

—Felicidades mamá. Tu bebita está hermosa. Pero ¿qué haces aquí? Tú deberías estar acostada en tu cuarto. Aquí te la estamos cuidando; no te preocupes, todo va a salir bien.

—¿Deveras, doctor? ¿Me lo jura? —le dije al pediatra, mientras unos lagrimones resbalaban por mis mejillas.

—Tú sabes que la bebita nació mucho antes de lo esperado. Ella tendrá que quedarse en la incubadora durante un tiempo largo; no menos de seis u ocho semanas.

—Pero no se me va a morir, ¿verdad, doctor?

—Desde luego que no. Pero debemos seguir al pie de la letra todos los cuidados y recomendaciones. Por lo pronto, lo que le falta es terminar de madurar y ganar peso; que la niña pueda comer por sí sola, sin ayuda de una sonda. Es cuestión de tiempo, no te desesperes. Ahora que te suban a tu cuarto, tienes que descansar, no es bueno que estés aquí; además, no puedes hacer nada. Vete tranquila — y, tomándome de las manos, me dijo:— ¿Confías en mí?

—¡Por supuesto que sí, doctor! A ojos cerrados.

—Entonces, hazme caso. Duerme un rato, descansa, pues entre la cesárea y el susto debes estar muy desgastada. Tu niña te necesita fuerte y bien.

—¿Usted cree que mi hija pueda succionar pronto? —pregunté por fin.

—No te sabría decir —exclamó con sinceridad—. Hay que esperar. Ya veremos, cualquier cosa, yo te aviso.

—Gracias doctor. Pongo a mi niña en las manos de Dios y en las suyas —le dije queriendo invocar la fe y la ciencia para la salvación de mi hija.

—Cuenta conmigo, Lolita. Yo pondré todo mi conocimiento, todo el cuidado y el tiempo necesario para que tu niña esté bien.

Resulta que mi abuelo era amigo del pediatra, desde 1960. Ambos eran miembros del Club de Leones de la Ciudad de México ubicado en la calle de Ures y desde entonces los unía una excelente amistad. El antecedente era, en mi caso, sinónimo de confianza hacia el médico.

Cuatro días después salí del hospital, dejando a mi bebita en la incubadora.

Mientras Yoyis se quedaba tiempo completo en casa de papá y mamá, bajo sus cuidados y sus mimos, yo estaba en la más terrible depresión. Cuando iba a visitar a Susu por las mañanas y por las tardes al cunero del Hospital de México, me sostenía la esperanza de verla mejor, pero cada vez que llegaba el momento de regresar a casa, con las manos vacías, volvía a caer presa de la tristeza, del llanto irreprimible. Qué duro es ver a una hija en esas circunstancias, cuando se sabe que su vida está pendiendo de un hilo delgadísimo.

Aunque conscientemente no quería aceptarlo, dentro —muy dentro de mí— sabía que podría llegar un día y encontrarme con un fatal desenlace. Esos negros pensamientos me invadían con frecuencia, producto quizá de la depresión post parto y de la situación tan difícil por la que atravesaba Susu.

—Lolita, es importante que hables con tu ginecólogo —me dijo el pediatra una tarde que coincidimos en el cunero— para que te dé unas pastillas que te corten la leche. La niña no está succionando todavía y al paso que vamos, dudo que lo pueda hacer en breve.

—¿O sea que no voy a poder amamantar a mi niña? ¿Eso es lo que me quiere decir, doctor?

—Me temo que no —afirmó, contundente.

—Pero doctor, tengo entendido que la leche materna da a los bebés todas las defensas que requieren y —continué— con mayor razón si estamos hablando de una criaturita prematura.

66

—Efectivamente —respondió el médico, subrayando sus palabras con un gesto elocuente—. Yo no puedo entender cómo es posible que se haya puesto de moda el alimentar a los bebés con fórmula, con mamila. Por muy buena que sea la leche en polvo, jamás va a igualar a la leche de mamá. Pero —cambió el tono de su voz— en este caso en particular, si la niña no puede succionar, no queda otra más que cortarte la producción de la leche. Habla con tu médico para que te dé unas pastillas y así, el proceso sea paulatino. No te recomendaría las inyecciones.

—Está bien, doctor —dije resignada.

Así lo hice. Platiqué con el doctor Robles esa misma tarde y comencé con el tratamiento.

Mientras tanto papá dividía su tiempo entre mi hija Yoyis y las vueltas que se daba al cunero para estar pendiente de su muñequita, como él llamaba cariñosamente a mi hija Susu.

Por fortuna, los milagros existen y yo los he vivido en carne propia.

Después de estar rezando infatigablemente, con toda mi fe, por la salud y la vida de mi niña, una mañana me marcó la jefa de enfermeras del cunero y me comunicó:

—Señora, le tengo excelentes noticias: Alejandrita ya comenzó a succionar. Vamos a quitarle la sonda por instrucciones del pediatra.

—¡Benito sea Dios! En un momento más, salgo para allá —contesté desbordada de felicidad.

La niña había subido muy poquito (estaba pesando un kilo ochocientos gramos). Fue entonces cuando me enteré que los bebés prematuros queman calorías incluso cuando hacen un esfuerzo para poder comer. Vaya naturaleza.

Yo ya había estado tomándome las pastillas para dejar de producir leche durante una semana. Era prácticamente imposible —me había comentado mi doctor— que pudiera retroceder para volver a tener la misma cantidad de leche que antes de tomar estas pastillas.

Por mis pistolas, decidí suspender este medicamento con la esperanza de que pudiera amamantar a mi niña. Dios me hizo nuevamente el milagro. Al día siguiente, las punzadas en los senos me

Mis papás y yo en el aeropuerto de Torreón, Coahuila.

despertaron y al incorporarme, me percaté de que tenía el camisón literalmente bañado en leche. Corrí de inmediato al hospital y mi niña comenzó a tomar leche materna. La reacción en ella fue increíble. Día a día fue ganando peso y sus órganos maduraron muchísimo más rápido de lo esperado por el pediatra.

Susu se quedó en el cunero únicamente 20 días más. Yo llegaba tempranito y me quedaba todo el santo día hasta la última toma de las 10 de la noche. Volvía al día siguiente, puntual, entusiasta, llena de amor a darle vida a mi bebita.

Para entonces el postoperatorio de la cesárea, no tenía importancia para mí, aunque sí era muy doloroso. Pero en mi escala de valores, por encima de todo estaba el hecho de sacar adelante a mi bebé a como diera lugar. Cuando me entregaron a Susu, la niña pesaba casi tres kilos. Yo volví a nacer. Pude respirar con cierta tranquilidad. Por fin pude salir caminando con mi pequeñita acunada en mis brazos para que, al lado de su hermana, comenzáramos a vivir una historia de muchos cuidados y así pasar para siempre del riesgo de muerte al doloroso —pero superado— recuerdo del pasado.

Papá nos esperaba a las dos con una amplísima sonrisa de satisfacción mientras cargaba, para Susu, un enorme oso de peluche.

Papá fue presidente del Club Fotográfico de México.
Le encantaba la fotografía, era su hobby.

Una de mis fotos más entrañables: Papá y yo.

CAPÍTULO SEIS

EL SENDERO DE LA VIDA

Yoyis, sin lugar a dudas, me destronó en el amor de papá. Yo estaba encantada. Nunca he podido entender a aquellas mujeres que se encelan hasta del amor que sienten sus maridos por sus hijas o las hijas, por las nietas. Me parece extraordinario que una criatura pueda estar llena de ternura a su alrededor, pues mientras más amor tenga cerca, mucho mejor. Siendo muy chiquitita, Yoyis se iba de viaje con papá, ellos solos, sin nana, sin mamá, sin nadie. Él se encargaba de darle la mamila, cambiarle los pañales y cuidarla a tiempo completo.

Recuerdo que le decía con cierta preocupación a papá:

—¿No crees que todavía está muy chiquita para que se vayan solos de viaje? Pero si apenas tiene año y medio. ¿De veras no te gustaría que los acompañara la nana para que te ayude? —le preguntaba con el ánimo de hacerlo cambiar de opinión.

—Claro que no —decía papá—. Nos la pasamos de maravilla. No sabes cómo disfruta Yoyis que la lleve a la alberca: a ella le fascina. Podría quedarse allí todo el santo día.

—Y tú con ella —le sonreí divertida—, ¿verdad?

—Absolutamente. Es que además, no es que me ciegue como abuelo, pero es que Yoyis es tan vaciada, tan graciosa… y como es igualita a mí, la gente que no me conoce no dice que es mi nieta, sino mi hija. ¡Ahh!, por cierto, no sabes cómo disfruta su leche malteada de chocolate con su pastel de fresas con crema. Aunque es de mal apetito, eso no me lo perdona —comentaba con cierto orgullo, un orgullo peligroso, como sabríamos tiempo después.

—Ya la estás mal acostumbrando, papá. Por eso es tan remilgosa para comer verduras y frutas. No hay manera de hacerla comer cosas sanas. Me cuesta un trabajo terrible. En cambio Alejandrita, ya la ves, está hecha una bolita. Es increíble cómo ha ganado peso. Nadie diría que nació tan pequeñita —suspiré.

Me tomó cariñosamente de los hombros, me miró con admiración y me dijo:

—Es cierto, pero tú te has desvivido día y noche para sacarla adelante… Sólo aquellos que hemos estado tan cerca de ti, sabemos bien con qué amor y devoción has cuidado a la bebita. Es otra. No se parece en nada a la niña que diste a luz. Debo decirte que cuando el doctor te la sacó de la panza y la pude ver, estaba tan frágil, tan chiquitita que me dio mucho miedo por ella. Pensé que difícilmente saldría adelante. Pero, ya ves, la dedicación y la constancia reditúan.

Ciertamente papá tuvo un papel fundamental en la vida afectiva de mis hijas. Ese papel estuvo alimentado por una serie interminable de detalles, atenciones, preocupación y protección por ellas. Todas las fiestas de sus cumpleaños eran en su casa, ya no digamos las navidades, fiestas de año nuevo, *thanksgiving* (o día de acción de gracias), fines de semana, vacaciones… Todo lo importante para ellas. Incluso cuando mis hijas requirieron de una operación de las amígdalas, fue papá quien de inmediato se ofreció a llevarlas y atenderlas allá en el Texas Children's Hospital. De alguna manera se sentía responsable de sus nietas ya que conocía bien la situación tan difícil que yo estaba viviendo con el padre de las niñas que, repito, nunca dejó de beber y la vida con él se había convertido en un auténtico infierno.

Por estas y muchas otras razones, mis hijas adoraban a su patatito.

¿Cómo decirles que papá ya no estaba, que nos había dejado para siempre, sin destrozarlas? ¿Cómo poderles reemplazar en su vida afectiva a una figura irreemplazable como papá? ¿Cómo llenar ese hueco? Esas preguntas me las formulé una y otra vez durante el velorio y el entierro. Finalmente, después de que todo esto pasó, llegué a casa de mi Tatá, y decidimos que seríamos ella, mamá y yo quienes les daríamos la terrible noticia, acompañadas de Netza.

Eran como las cuatro de la tarde. Las niñas acababan de comer y nos vieron llegar a todas vestidas de luto riguroso y los ojos hinchados de llorar, sin una gota de maquillaje. Recuerdo bien que ambas subieron al despacho de Netza, me preguntaron por papá y fue Tatá quien les dijo que se había hecho todo para salvarlo, pero desgraciadamente no había sido posible... Entonces yo me solté llorando, deprimidísima. Susu preguntó si papá se había muerto y sólo atiné a mover la cabeza afirmativamente.

Ambas se despedazaron emocionalmente. Susu corría como loca por toda la casa, dando de alaridos: "Mi patatito... mi pata-tiiiiito". Se me fue mi patatito. Y el llanto la ahogaba.

Yoyis bajó corriendo a su recámara y se encerró en su casa de muñecas que yo había mandado a construir para las dos niñas dentro de la sala de su recámara. Allí permaneció varias horas a pesar de que todos bajamos a rogarle que saliera. A nadie le hizo caso. Estaba enojadísima. No quiso probar bocado en todo el día. No quería aceptar el hecho irrefutable de la muerte, algo profundamente comprensible porque si para una como adulto, nos cuesta sangre aceptarlo, para una niña es infinitamente más difícil, sobre todo si estamos hablando del abuelo que ella adoraba.

Cuando Yoyis decidió salir de su refugio, finalmente pudo llorar y verbalizar ese inmenso dolor que inundaba su corazón. Para ella, papá más que un abuelo, era su padre, su mayor cómplice en travesuras, aquél que la consentía y la apapachaba con devoción.

Jamás olvidaré una de las tardes que andábamos de compras en Target, a la entrada de la tienda le dije a papá que yo estaría en la sección de cuidado de pelo. Papá, encantado, se llevó a Yoyis sentada en el carrito de supermercado. Ella tenía apenas un año y nueve meses. De repente se acercó una señora que llevaba en su carrito a un bebé casi de la misma edad que ella. Mientras que la doña en cuestión se dedicó a buscar algunos artículos, su hijo permaneció sentadito sin moverse dentro del carrito. Era afroamericano. Según papá, Yoyis lo miró fijamente y sin decir "agua va", le acomodó un golpe al pobre niño. Al grito del chamaquito, la mamá volteó a preguntar, extrañada, qué había pasado. Cuando papá se dio cuenta que la señora en cuestión medía como un metro noventa y pesaba alrededor de 160 kilos, sólo atinó a contestar, nerviosísimo:

—Eeees queeee... su niño le jaló el pelo a mi nieta.

La señora, francamente molesta le dijo a su hijo:

—Ya te he dicho que no debes jalarle el pelo a las niñas…. —.Y acto seguido, ¡záz!, que le mete un cachetadón al pobre chamaquito.

Papá salió de ese pasillo como alma que lleva el diablo, y después de recorrer media tienda y ponerse "a salvo", enojado, le llamó la atención a su nieta:

—¡Yoyis… Yoyis! ¿Por qué golpeaste al muchachito? ¡Eso no se hace! ¡Muy mal!

Ella lo miró fijamente y con toda propiedad le respondió:

—Por feo y ollolloso, patatito.

—¡No,Yoyis! ¡Esa no es razón para andar golpeando a los niños! ¡No lo vuelvas a hacer!

Cuando me lo contó papá, se moría de la risa, más que por otra razón, de nervios. Me decía que cuando él se percató del "tamaño inmenso" de esta señora, que era como hermana gemela de Aunt Gemima, pero a lo bestia, si le hubiera dicho la verdad, que Yoyis tomó la iniciativa, seguro, de un solo fregadazo, lo habría desnucado y volado del otro lado de Target.

—Ni modo —me aseguró entre divertido y apenado—: Hay ocasiones como ésta en que te ves obligado a mentir por razones estrictas de sobrevivencia.

Por cierto, nunca supe de dónde sacó Yoyis esa maña de ser racista. Afortunadamente para ella, el tiempo borró todo resquicio de esos prejuicios.

Para mis hijas, la muerte de papá fue la primera gran pena que experimentaron en su infantil existencia; algo que yo hubiera preferido que se diera muchos, muchísimos años después, pero la vida es así, impredecible y muchas veces, profundamente injusta y cruel.

¿Por qué papá se nos fue tan joven todavía, teniendo tanto para dar, tanto por hacer?

Es una pregunta que me he repetido una y otra vez y después de tantos años, todavía no encuentro una respuesta que me satisfaga del todo.Y es que tratar de aprender a vivir sin él ha sido una tarea muy cuesta arriba.Todo me lo recordaba constantemente, en cada detalle, en cada rincón. Mi vida con papá, efectivamente, había sido una simbiosis.Y si una parte de la relación simbiótica falta, la otra difícilmente sobrevive.

Durante los primeros cuatro años posteriores a su partida, no había un solo día que no terminara llorando amargamente ante la simple mención de su recuerdo o de su nombre. Fue un auténtico calvario. Creo que ha sido la pérdida más grande de mi vida.

Una mañana le pedí a Dios de rodillas, con toda mi fe, que por favor me arrancara ese dolor del alma porque materialmente no podía seguir viviendo de ese modo, que no era justo para mí. Por fortuna, Dios escuchó mis ruegos y poco a poco pude comenzar a vivir mi vida con cierta tranquilidad. Debo reconocer y agradecer profundamente que Netza jugara un papel definitivo en ello. Como papá y él eran prácticamente de la misma edad, se comportó conmigo no sólo como mi marido sino también como una especie de padre sustituto. Él me aconsejaba permanentemente, en todo y para todo. Era mi mentor, mi Pigmalión... Exigente como pocos, pero gracias a sus enseñanzas aprendí a conocer el sentido de la política y de los políticos. Un arte, sin duda, difícil y complicado.

Como en todas las circunstancias de la existencia humana, en todos los partidos políticos conocí a los buenos, a los regulares, a los malos y los pésimos. Aprendí a distinguir entre aquellos que sí tenían un auténtico compromiso con su gente y los otros —la mayoría, lamentablemente— que sólo buscaban obtener el poder para así conseguir cierto nivel de popularidad y, sobre todo, dinero, muuuuucho dinero, pasando por encima de todo y de todos, a costa de lo que fuera. ¡Uf!

Acompañé a Netza en todas sus campañas; tuve el enorme privilegio de conocer directamente al estado de Guerrero, de punta a punta: desde Costa Chica, Costa Grande, pasando por La Montaña, Tierra Caliente, hasta el Centro. Escuché de viva voz a la gente, sin intermediarios. Agucé el oído para entender que esas voces vivas describían la cruda y descarnada realidad del estado. Vi la miseria en la que la mayoría de los guerrerenses vivían, especialmente en la zona de La Montaña. Gente buena, sencilla, que sólo pedía una oportunidad para poder sobrevivir de la mejor manera y dar a sus hijos los mínimos satisfactores de vida. Muchos no tenían agua potable y sus casas, humildes, estaban fincadas sobre piso de tierra. Vi también varios pueblos donde los niños recibían clases a la intemperie, porque

Mi abuelo el doctor Luis de la Rosa Martínez, presidente de la Cámara Nacional de la Industria de la Radiodifusión en la Primera Conferencia Nacional de Radiodifusión el 21 de octubre de 1944. Por eso cuando nací en lugar de sonajas, jugaba con micrófonos.

no contaban ni siquiera con un aula. Me encontré con muchísimas criaturas descalzas, con las manchas blancas de desnutrición en el rostro y una pancita enorme, por todos los parásitos que formaban parte de su cotidianeidad. Había guerrerenses que sufrían de enfermedades que ni siquiera estaban contempladas para ser atendidas dentro del cuadro básico de medicamentos que tienen las autoridades de salud.

Eran escenas que me desgarraban el alma, por la impotencia que me provocaba: ver cómo había niños que lo único que se podían llevar a la boca eran unas cuantas tortillas embarradas de chile, porque no había para más en sus hogares.

A mí me dolía la conciencia al llegar por las noches a mi departamento en Costa Azul, después de ver cómo sobrevivían esas familias. Y es que, cabe aclarar, en el puerto de Acapulco existía una dolorosa división: lo que se conocía como Acapulco Dorado y el "otro"... el que no era famoso, donde vivían miles de familias acapulqueñas en condiciones económicas muy precarias. Allí no había hoteles de super lujo ni restaurantes de primera, mucho menos discotecas o centros nocturnos. Ese no era el Acapulco "para presumir" o el que buscaban los vacacionistas.

Pero transformé mi conciencia en actos concretos. Por eso puse manos a la obra y me involucré de lleno en la carrera política de mi marido. Fue así como comencé a llevar a todas las líderes de las colonias populares de Acapulco a mi departamento, convirtiéndolo casi en una sucursal de la casa de campaña.

Manuel Añorve —actual alcalde del puerto y quien fuera el coordinador de la primera campaña de Netza como senador de la República— estaba sorprendido al igual que un puñado de jóvenes guerrerenses, por la emoción que yo le imprimía a la contienda. La única forma de poder ayudar a toda esa gente, era ganando las elecciones. Y así fue.

José Francisco Ruiz Massieu, quien fuera el gobernador del estado, siempre tuvo las puertas abiertas de su oficina para mí. El pliego petitorio de necesidades para sus paisanos que yo le llevé, fue apoyado por él en su totalidad.

Y es que, la verdad, no es lo mismo hacer campaña en una colonia clase media o alta, que recorrer a pie las zonas más deprimidas del país; escuchar a la gente y sus historias, sus expectativas, sus esperanzas, sus penas y sus enormes carencias. Sólo así, en el contacto directo, se puede conocer y llevar tatuado a México en la piel. Lo demás es mera demagogia.

*En plena entrevista con Porfirio Muñoz Ledo en el tercer programa de
"Hablemos Claro", en Imevisión, Canal 13.*

CAPÍTULO SIETE

FRENTE A LOS NUEVOS RETOS

Primavera del 2005. Enterarme por el médico que yo había heredado de mi padre la diabetes, me sumió en una larga y profunda depresión. Yo ya sabía de todas las complicaciones que vienen de la mano con esta terrible enfermedad. Saqué cuentas de inmediato: mi bisabuela murió a los 83. Mi abuelo a los 72, once años antes que ella. Luego mi papá a los 61, también once años más joven. Si la tradición continuaba, no me quedaría mucho tiempo de vida.

¿Y mis hijas? ¿Y mi marido? ¿Y mis nietos? ¿Y mi madre? ¿Y mi vida? ¿Mi carrera? ¿Mis sueños? ¿Mis planes? Todavía tenía —y tengo— muchos pendientes, muchas cosas por hacer, mucha lata que dar (y había que señalar y criticar a muchos políticos). Pese a la depresión, no estaba dispuesta a permitir que esta enfermedad me saboteara.

Después de algunas semanas que tardé para que me "cayera el veinte", una mañana me desperté y mientras me estaba arreglando frente al espejo escuché la voz de mi conciencia, que me habló fuerte y claro.

Lolita: aprende, inteligentemente, a lidiar con esta enfermedad. No hay de otra. Asume tu responsabilidad y déjate de dar baños de autocompasión. Eso no te va a curar. O cambias de hábitos o te lleva el carajo. Punto. La decisión la tienes tú... está en tus manos. ¿Quieres vivir más que papá? Con huevos, como diría él... sólo afrontando la vida con huevos.

Ese día decidí pedir una cita y programar un viaje a Dallas, para consultar a un médico que mi amiga Ana Rosa me había recomendado ampliamente: el doctor Jaime Davidson. De origen mexicano, el doctor se había recibido como médico cirujano en la UNAM para posteriormente trasladarese a Estados Unidos con el fin de perfeccionarse académicamente. Allá se casó y se quedó a radicar. Hoy, es uno de los especialistas más prestigiados en esa ciudad.

De trato fino y gentil, el doctor Davison me recibió y platicó largamente conmigo, durante varias horas. Tenía frente a él a una paciente aterrada. Me hizo un examen muy minucioso y me explicó con toda claridad que tener diabetes no era siempre sinónimo de muerte, siempre y cuando tomara las precauciones y los cuidados necesarios. Me contó que él tenía pacientes con diabetes que vivían muy bien desde hacía muchos años y que incluso estaban más sanos que aquellas personas que no la padecían; ¿por qué?, pues simple y sencillamente porque estos pacientes comían mucho más sano que los otros. Y es que somos lo que comemos.

Yo lo escuchaba a él con cierto recelo, no obstante que dentro de mí tenía la enorme necesidad de oír algo así, que me diera una luz de esperanza ante ese asesino silencioso.

Luego, al checar mis niveles de glucosa, y después de varios estudios de laboratorio, el doctor decidió que mi control lo llevaría vía oral (¡qué alivio!) y no con insulina (¡gracias a Dios!, por el terror que le tengo a las agujas). También algo para la tiroides que trabajaba medio lentita (¡nooo!, pues sí, ¡qué chistosita!) y otro medicamento más para los triglicéridos y el colesterol.

Sin embargo, yo tenía todavía algunas dudas. (Todo paciente, sea cual sea su enfermedad, tiene todo el derecho a que su médico le proporcione la información necesaria y resuelva todas las inquietudes que le puedan surgir. Tenemos, pues, el derecho de exigir que se nos informe).

—¿Y para bajar un poco de peso no me va a dar nada? —le pregunté—. Es que la tele lo engorda a una ¡seis méndigos kilotes! ¡Imagínese doctor…! Le cuento: cuando el público me conoce en persona, invariablemente me dicen: "Oiga que bien se ve, en la tele aparece como más gordita". ¡Mmmm…! Pues sí, la tele le avienta a una, kilos y años.

El galeno me escuchó pacientemente y con la misma parsimonia me orientó:

—Hay un nuevo medicamento, buenísimo. No sólo ayuda a que tu páncreas funcione mucho mejor sino, además, te va a provocar una sensación de saciedad y vas a comer menos. ¡Es una maravilla! Aunque —subrayó— no es recomendable para todos los pacientes diabéticos, ya que los que pretendan utilizar este medicamento, deberán tomar Metformina. Tú sí tienes el perfil adecuado.

—¿Y qué esperamos, doctor? ¡Recétemela de una buena vez!, no sea así —le alegué al doctor, esperanzada.

—El problema es que todavía no sale a la venta. Faltan unos cuantos meses, pero cuando eso suceda, de inmediato te la receto —entonces hizo una pausa para continuar—. Ahora necesito que pases con la dietista. Ella te va a enseñar la forma en que debes alimentarte para estar excelentemente bien. Prométeme que vas a ver a esta enfermedad desde otra perspectiva. Hoy más que nunca debes cuidarte. ¿Tú eres dulcera?

—Por fortuna no, doctor. Yo me puedo pasar la vida entera sin chocolates, pasteles, etcétera. Lo que a mí me pierde es la (famosísima) vitamina "T": Tacos, tostadas, tortas, tamales, todos y cada uno de los antojitos mexicanos. Por si fuera poco, la comida italiana me fascina.

Para mi sorpresa, me dio esta inesperada respuesta:

—Todo eso lo podrás comer, pero, pero en raciones pequeñas.

—¿Me lo jura, doctor! —le pregunté, incrédula.

—¡Claro! No se trata de que comas pura ensalada. La nutrióloga te dirá cómo manejar la forma adecuada de comer. Y si, de repente, se te antoja un dulce, hay aquí, en Estados Unidos, una enorme variedad de comidas, de dulces, chocolates, mermeladas, mieles y lo que se te ocurra. Todos estos productos te ayudarán a sobrellevar con mayor facilidad la diabetes —y luego me dijo:—Ya tienes tu glucómetro, me imagino.

—Todavía no. Fui a la farmacia y me encontré con cualquier cantidad de marcas. No supe cuál comprar —comenté—, así que preferí esperarme para que usted me dijera cuál es el buenazo... Oiga, pero eso de estarse picando el dedo diario, me da cosa.

Davidson, que estaba sentado y recargado sobre su silla, se incorporó entonces para explicarme:

—Las agujas que se usan para sacarte una gota de sangre son prácticamente indoloras —y subrayó la palabra indoloras—, ya que son muy pequeñas y delgadísimas. Además, ya hay glucómetros que, en poquísimos segundos, te dan el resultado. Hoy en día, para cualquier paciente diabético, es indispensable contar con un aparatito como éste —y me mostró varios modelos de glucómetros— para que lleve un control mucho más exacto.

Se puso de pie para mostrarme los detalles de un glucómetro que tomó en las manos.

—A ver, te voy a enseñar cómo usar este aparato. Es muy sencillo. Primero, te lavas bien las manos, te desinfectas con un poco de alcohol el dedo del que vas a tomar la muestra sangre, dejas que se evapore para que el resultado sea confiable. Luego, tomas una tira reactiva y, con cuidado, la colocas en la ranura correspondiente. Una vez que comience el símbolo de gota a flashear, con este otro aparatito, que se llama lanceta, te pinchas el dedo, pero —aclaró— de lado, no donde está tu huella digital… así —me mostró el procedimiento—. Con cuidado, pones esta gotita de sangre y esperas el resultado.

—¿De veras que no duele nada, doctor? A papá le hubiera encantado tener un aparatito como éste. Cuando él se enfermó, no existían. Tenían que picotearle el brazo los del laboratorio y lo dejaban todo morado.

—Es que de la época en que tu papá la padeció al día de hoy, hay diferencias abismales. ¡La ciencia ha avanzado muchísimo! Hoy —añadió con un dejo de orgullo—, no es tan difícil lidiar con ella. Tú lo vas a ver.

Hizo una pausa, volvió a sentarse en la silla y continuó:

—Eso sí…, procura evitar, en la medida de lo posible, los corajes o los sustos. Los cambios de emociones producen una alta muy importante en la glucosa. Pero también piensa que no sólo eso es peligroso. Una baja en tus niveles puede ser mucho peor que una alza.

Me miró como para cercionarse si había o no entendido el mensaje. Tomó aire y continuó:

—Procura monitorearte con tu glucómetro todos los días y mantener un equilibrio en tus cifras. Es importante aclararte que la toma de sangre, no debe ser siempre en ayunas. También debes checarte dos horas después de comer y antes de cenar, para ver el impacto que tiene la comida en tus niveles. Así te darás cuenta con toda claridad, qué alimentos te afectan más que otros. Muchos diabéticos creen que sólo los alimentos que contienen azúcar son los perjudiciales... y la verdad es otra: todo, sin excepción, todo lo que comemos se transforma en azúcar.

—¿Hasta lo salado? —inquirí con auténtica sopresa.

—To-do —enfatizó—. Por eso hay que ver cuáles alimentos contienen una carga glucémica alta, para mantenernos alejados de ellos. Por ejemplo, los carbohidratos elevan considerablemente la glucosa.

—¿O sea...?

—Los panes, las pastas, el arroz..., los cereales en general: la papa, el betabel, el maíz, el camote, las frutas como la sandía, el mango, el plátano o la papaya. Esto no quiere decir que jamás podrás comer estos alimentos. Simplemente que tienes que aprender a combinarlos. Es decir, si tú comes una papa al horno, ya no puedes comer pan o tortillas y si comes una pasta, olvídate en esa comida de ingerir elotes.

Finalmente, concluyó esa explicación que resulta tan importante cuando una tiene que reaprender qué, cómo y cuándo comer.

—El secreto está en el balance, el equilibrio de tu alimentación. La nutrióloga te dará una tabla para que aprendas cómo hacerlo. Al principio ten a la mano esa tabla. Después lo harás de manera automática.

—¿Pero no me va a matar de hambre?

—No, mujer, ¡claro que no! Es más, vas a comer no sólo tres veces al día, sino cinco, cinco veces al día.

Cuando dijo eso, casi brinco de la silla.

—¡Nooooo!, doctor, ¡no me cabe! ¿Dónde cree! Si yo ni siquiera desayuno... No me da nadita de hambre cuando me despierto. Me la paso haciéndome tonta toda la mañana con mi café con leche, un jugo, mi fruta, pero nada más...

—Pues, ¡muy mal!

Entonces, el doctor Davidson empezó la enumeración de cosas equivocadas que, por ignorancia, realizamos muchos diabéticos.

—Primer fallo: tienes que desayunar aunque no tengas hambre, y siempre debes incluir proteína. Recuerda que son muchas horas en que tu estómago se la pasa sin alimento.

—Segundo fallo: tomas fruta, más aparte ¿un jugo! ¿Sabes que para poder llenar un vaso mediano, hay que utilizar por lo menos cuatro porciones de frutas? Lolita, es demasiado. Yo te voy a recomendar que procures consumir una pieza de fruta en cada alimento, no más. Aléjate de los jugos naturales en la medida de lo posible... y los artificiales... ¡ni verlos! Tu cuerpo requiere del bagazo de la fruta, mismo que te ayudará a tu bolo alimenticio y sólo así te evitará el estreñimiento.

—¡Mmmm...! ¿Y qué más?

—¿Qué comes a media mañana?

—Nada. Sólo mi café que, por cierto, son más bien varios cafecitos durante el día.

—A partir de ahora, vas a tomar una colación.

—Oiga doctor, pero...

—Algo pequeño. Por ejemplo, unos pedazos de queso panela y acompañados de una manzana. La combinación es deliciosa y muy nutritiva... O bien, unas cuantas uvas con unos pedacitos de nuez. A medio día, ¿qué comes, regularmente?

—Bueno, generalmente, hay en casa arroz, sopa, guisado, alguna verdura y el postre, mismo que yo casi nunca como.

—¿Esto va acompañado de bolillo y tortillas?

—¡Claaaaro! Como debe ser. Y de salsas y de una tabla de quesos. Yo soy muy quesera, doctor. Yo podría pasar mi vida entera sin pasteles, pero sin quesos y antojitos, está en japonés.

—Tu dieta va a tener que modificarse —dijo, cambiando el tono.

—El arroz lo podrás comer sólo tres veces a la semana. Las sopas de verdura son buenas para ti. Si preparas una crema, tendrá que ser hecha con crema *light* y leche descremada. Procura que todos tus alimentos sean preparados con aceite de oliva. Es mucho más sano que cualquier otro. Incluye en tu dieta diaria una buena porción de verduras y proteína. En lugar de postre —añadió—, si no tienes a la mano alguno que no contenga azúcar, entonces decídete por una fruta. Todo tipo de *berries* son altamente recomendables, como fresas, cerezas, zarzamoras, moras, etc., porque son antioxidantes y tienen muy poco contenido de azúcar.

—Muy bien. Oiga, no está tan difícil... ¿Y luego...? —pregunté.

—Bueno, a media tarde debes tomar otra colación, sobre todo porque en México se cena mucho más tarde que aquí.

—Sí, yo ceno como a las nueve y media.

—Precisamente por eso no puedes dejar a un lado tu colación. Debe ser algo similar a la colación de la mañana. Y de cena, tu proteína. Ya sabes, poco carbohidrato y tu fruta o verdura. ¡Ah!, y en lugar de mantequilla, consume margarina light, tiene menos grasa de la mala.

Cuando escuché "grasa de la mala", quise inmediatamente saber:

—¿Qué no todas las grasas son malas, doctor?

—Desde luego que no. Allí tienes, por ejemplo, la grasa buena del aceite de oliva, de las nueces, de las almendras, de los pistaches. El aguacate es una excelente opción. Y la grasa del salmón, de lo mejor. Imagínate que vamos a tu casa y es la hora de comer: puedes preparar una deliciosa ensalada de atún, con mayonesa *light*, cebolla y tomate rojo, apio y un poco de chile, todo bien picado para darle más sabor; le agregas media cucharadita de mostaza, un poco de jugo de limón y una pizca de sal, y a toda esta ensalada la acomodas en medio del aguacate, y lo acompañas con unas cuantas galletas saladitas *light*. ¿Y de postre...? Una media toronja con los gajos bien recortados y espolvoreada con sustituto de azúcar. ¿Te gusta la idea?

—¡Mmmmm...! Qué delicioso.

—¿Ya ves? No es tan difícil cuidarse.

—Y cuando no me encuentre en casa, ¿qué hago?

—Si de repente lo único que tienes a la mano es "comida rápida", puedes pedir, por ejemplo, una pizza de vegetales acompañada de ensalada y una bebida light. No se trata de que te comas toda la pizza —aclaró—, pero sí podrás disfrutar una o dos rebanadas, dependiendo del tamaño. Pídela de masa delgada para que no comas tanto carbohidrato.

Imaginando la escena, pregunté:

—¿Y si nada más hay hamburguesas?

—Bueno, entonces le quitas la rebanada de pan que suelen traer en medio. Te pides una que tenga doble rebanada de carne y que le pongan lechuga, su respectiva rebanada grande de tomate rojo y cebolla. No te vayas a comer las papas fritas —me previno— porque esas sí son una bomba. Pídete un refresco de dieta… y de postre, en esos establecimientos ya venden fruta, manzana rebanada con unos pedacitos de nuez. Lo que siempre debes tener presente son las porciones. No te sobrepases, por favor. En la receta también te voy a poner que te den omega 3. Se ha comprobado que te baja los niveles de colesterol, triglicéridos y glucosa.

—Oiga, doctor, el omega 3 es el se que extrae del salmón. ¿No sabe muy feo, como la emulsión de aceite de tiburón que les daban a los niños de mi época…? ¡Guácala!

—No, porque su presentación es en cápsulas. De repente lo puedes regurgitar cuando es muy concentrado y si se padece de colitis nerviosa como tú, hay que dar un protector estomacal… Pero —me aseguró— los resultados son fantásticos. Vale la pena. Procura también comer lo menos posible alimentos como carne empanizada o los chiles poblanos capeados.

—¿Pero por qué si la carne es proteína y la verdura debemos consumirla?

—Porque… ponte a ver… si a la carne le pones el huevo batido, encima el pan para empanizarla y luego la metes a freír, date cuenta de la cantidad de carbohidratos y grasa que le estás sumando. Lo mismo pasa con las verduras capeadas. Este tipo de alimentos son muy sabrosos, sin duda, pero no sólo en sabor, sino en grasota, misma que se te pega directo en las arterias.

La explicación fue clara. Hay que tener mucho ojo con lo que comemos, aunque nuestros hábitos alimenticios estén tan arraigados.

—Tiene razón, doctor. Ni hablar.

—Prueba hacer tus chiles bien desvenados; rellénalos de queso panela o con algún tipo de queso manchego *light* y luego los ba-ñas directamente con la salsa de tomate, igual, como si estuvieran capeados… Tú vas a ver que saben muy sabroso. Evita también

—añadió— el pescado empanizado. Procura comerlo asado o incluso guisado con alguna salsa acompañado de verduras o ensalada. Ahora bien, cada vez que veas grasa flotando en tu plato, ya sea en una sopa o en tu plato fuerte, imagina que se te va a pegar dentro de tus venas, te las va a tapar y eso te puede provocar un infarto.

—Qué bueno que usted es mexicano, doctor y conoce bien lo que comemos.

—Sí, eso ayuda a todos mis pacientes, que son también mis paisanos. Adicionalmente, me imagino que debes tener muchísimos compromisos.

—Pues sí, algunos, aunque no voy a todos. Yo disfruto mucho de mi casa, doctor —comenté con toda sinceridad.

—Bien. De todos modos cuando acudas a alguno de ellos, vas a poder tomar dos copas de vino tinto, no más. O bien, whisky o vodka o ginebra. También puedes tomar tequila pero todo esto en pocas cantidades.

—Yo no soy bebedora, doctor.

—Qué bueno. Eso es magnífico. Bien. De todos modos cuando acudas a alguno de ellos, vas a poder tomar dos copas de vino tinto, no más. O bien, whisky o vodka o ginebra. También puedes tomar tequila pero todo esto en pocas cantidades. De hecho, ingerir dos copas de vino tinto al día es recomendable para el corazón. Los cardiólogos están sugiriendo a sus pacientes que lo tomen. Ahora bien, si te gusta por ejemplo el vodka tonic, puedes hacer un agua de limón con soda, endulzarla con splenda y ponerle un poco de vodka y así tendrás tu drink completamente *sugar free*. El whisky lo puedes tomar también con soda y la ginebra la mezclas igual que el vodka. ¡Ah! y olvídate de los jugos de lata de piña y esas cosas...

Pensé: vaya que los tiempos han cambiado. Papá seguramente hubiera estado feliz con todos los dulces, pasteles, helados y demás golosinas que existen hoy en día para hacer mucho más llevadera la diabetes... Y ya ni hablemos de los deliciosos chocolates que se hubiera empacado sin culpa o consecuencia negativa alguna.

El doctor Davidson continuó:

—He conocido a algunos pacientes que vienen y me dicen: "Doctor, fíjese que mi médico en México, cuando voy a verlo a la consulta privada, me ha dicho que puedo tomar todo lo que yo quiera, siempre y cuando me tome doble ración del medicamento o si usan insulina, les dicen que se pongan más". ¡Hazme el favor! A lo que pueden llegar algunos colegas con tal de mantener a sus pacientes contentos, aún en contra de su propia salud.

—Sí —comenté—, en todas partes hay gente sin escrúpulos y sin ética y desde luego, el sector salud no es la excepción. ¡Qué tremendo!

—Lo peor del caso es que los pacientes confían en el profesionalismo de sus médicos y, ya ves, ellos terminan siendo los paganos.

—Pues sí. Oiga doctor, en México muchas personas me han comentado que el tomar el nopal, ya sea en licuado por las mañanas con jugo de toronja o asado, es muy bueno para los diabéticos. ¿Qué tan cierto es esto? —pregunté muy interesada.

—Tú sabes bien que muchísimos medicamentos tienen su origen en las plantas. El nopal tiene sus propiedades, pero —aclaró— lo que no puedes hacer es sustituir tus medicamentos por uno o dos nopales al día. Daño no te va a hacer si comes una ensalada de nopal. Pero debes tener muchísimo cuidado porque no va a faltar quien te diga que cuentan con el remedio mágico para curar la diabetes: eso hasta el día de hoy no existe. No te vayas a ir con "el canto de las sirenas". Por ningún motivo dejes de tomarte tus niveles de glucosa y tus medicamentos. Además, procura hacer algo de ejercicio.

—Eso sí me da una flojera infinita, doctor, me aburre horriblemente ir a un gimnasio.

— No se trata de matarte en un gimnasio, pero por lo menos camina durante media hora todos los días. Eso te va a ayudar.

—Pero, doctor: con la inseguridad que hay hoy en día, me daría terror salir y que me asalten otra vez. ¡Imagínese!, un día a las dos de la tarde nos asaltaron a mi marido y a mí a punta de pistola frente al Palacio de Hierro Durango. Es una experiencia terrorífica.

—Qué cosa tan terrible. No quiero ni imaginarme. —me dijo el doctor, francamente mortificado.

— Pero, ¿cómo vería unas clasecitas de baile? ¿no es también un tipo de ejercicio?

—Desde luego que sí. Lo importante es que te muevas y si a ti te gusta el baile, ¡a tomar clases de inmediato!

—Buena idea. Eso haré. Por otra parte doctor, menos mal que yo no soy hombre, porque tengo entendido que los diabéticos varones, el primer daño que resienten es en su vida sexual, justamente por una mala circulación, lo cual no les permite tener una buena erección.

—Efectivamente, aunque en el caso de las mujeres diabéticas, también pueden tener ciertas complicaciones—. Me aseguró el galeno, mientras me miraba con seriedad.

—No me diga eso, doctor. —le respondí, asustada.

—Así es, no te voy a mentir. Las mujeres que padecen diabetes pueden presentar resequedad en las paredes vaginales, parecido a lo que les sucede a las mujeres que entran en el periodo de la menopausia porque dejan de producir suficientes hormonas, así que no estaría de más que te compraras un lubricante en la farmacia. Más vale prevenir, que lamentar. Ten siempre muy presente que si te cuidas, la diabetes no es sinónimo de sentencia de muerte. Tú podrás vivir muchos años y te morirás dentro de mucho tiempo de cualquier cosa, menos de la diabetes. La decisión es tuya y sólo tuya. A ver, te voy a revisar.

El doctor me checó los pies cuidadosamente. También mis piernas para ver mi circulación. Me tomó la presión y volvió a checar mi glucosa. Revisó mis pulmones, mi corazón y mi tiroides.

—Bien. No tienes várices, eso es magnífico. Tu corazón está bien; sólo te voy a pedir que procures dejar de fumar.

—Ay, doctor. Eso si ya no me gustó. Me está quitando muchas cosas. —le respondí, mientras terminé de ponerme los zapatos.

—Piensa bien que el cigarro, cada vez que le das "el golpe" no sólo te va a dañar tus pulmones, sino que el daño se va a ver reflejado en tu circulación que día a día puede ser más pobre. Le vas a restar oxígeno a tus células. Tu ración de cigarros, ya te la fumaste.

*Las cenas de Fin de Año organizadas por el Senado de la República
exigían etiqueta rigurosa.*

No necesitas más. Haz un esfuerzo por favor. Ahora pasa con la nutrióloga y nos vemos acá dentro de cuatro meses.

—Gracias doctor, por todas sus finezas y créame que voy a hacer todo lo posible para dejar de fumar.

Luis de la Rosa Tible. Mi papá.

Luis Donaldo Colosio y yo durante un desayuno ofrecido por mi esposo Netzahualcoyotl de la Vega García, líder nacional del STIRT.

CAPÍTULO OCHO

COMPARTIENDO MI NUEVA REALIDAD

Me encantó conocer al doctor Davidson. Con una sonrisa franca y un trato gentil, comprensivo y hasta protector, me acompañó hasta donde estaba la nutrióloga para que me pusiera al tanto, con mayor detalle de lo que debía y no podía ingerir de ahora en adelante.

Cuando llegué a su oficina, me pareció que entraba a un salón de clases de un jardín de niños. En varios estantes tenían acomodada una enorme variedad de alimentos plastificados; al fondo había una mesa y varios platos perfectamente bien divididos para entender aquello de las porciones a ojo de buen cubero. Y es que no todo el tiempo contamos con una báscula a la mano para andar pesando todo lo que nos vamos a comer; así que resulta in-dis-pen-sa-ble aprender a calcular las cantidades permitidas y saber qué tipo de alimentos debemos seleccionar cuando nos pongan enfrente un menú.

De origen pakistaní, piel oscura, mirada penetrante y trato especialmente amable, la nutrióloga me dedicó dos horas para explicarme "con bolitas y palitos" —como digo yo— absolutamente todo. Me llamó muchísimo la atención ver todos los elementos que utilizan para hacer esta información mucho más digerible para el paciente. Aclaradas todas mis dudas con la nutrióloga, salí del consultorio cargada de una carpeta que contenía toda la información necesaria para aprender a manejar mi recién estrenada diabetes. Solidarias, Ana Rosa y Cynthia, estuvieron esperándome todo el tiempo. Mi visita siguiente fue a la farmacia. Me armé de todo lo necesario para atenderme adecuadamente durante los cuatro meses que tardaría en regresar a ver a mi doctor. Me sentí tan bien con el doctor Davidson, que para festejar, invité a mis amigas a comer una rica ensalada acompañada de un huachinango al vapor, aderezado con un poco de salsa tártara; todas bebimos una copa de vino tinto chileno. ¿Y de postre? Unas fresas gigantes, deliciosas. Mi historia, a partir de ese momento, comenzó a cambiar… para bien.

Ya de regreso en la ciudad de México y "armada" con mis glucómetros, mi primera reacción fue tomarle una muestra de sangre a cuanta persona se me ponía enfrente. Aquella práctica se convirtió casi en una obsesión. Chequé los niveles en sangre de todo mi equipo de producción, de mi secretario particular, el director de cámaras, la productora, los asistentes; también chequé el nivel de mis amigas, de mi mamá, mi marido, mis hijas, los técnicos del estudio de grabación, el chofer… todos, todos.

Me leí cuanto artículo caía en mis manos sobre diabetes para estar al tanto de las novedades disponibles. Me había comprado tres tipos de glucómetros. Uno delgadito, muy portátil, para la bolsa. Otro más sofisticado, que puede transmitir la información a la computadora, para llevar un mejor control, y otro más para mi maleta de mano (No se me fuera a olvidar en casa durante algún viaje).

Cuando dejé de practicarles a todos a mi alrededor (y casi cada semana) su examen de glucosa, fue cuando tomé conciencia (me cayó el veinte) del costo de las tiras reactivas de los glucómetros: son carísimas; aunque, la verdad sea dicha, jamás me arrepentiré de checar a mis seres queridos, porque de un examen como éstes, tan sencillo y tan rápido (en cinco segundos se tiene el resultado), se puede saber a ciencia cierta si están bien o si ya padecen esta enfermedad; de ser así, más vale tomar todo tipo de medidas para controlar la enfermedad con un alto sentido de responsabilidad hacia nosotros mismos.

Algo que resulta fundamental en el tratamiento de un diabético es el hecho de platicar abierta, clara y contundentemente, con los amigos y familiares, para que ellos, de alguna manera, nos ayuden y apoyen. Sobre todo para que no insistan —por favor—, con las clásicas frases de:

"¿Qué tanto es tantito?"

"Cómete este tamal de mole que acabo de traer de Oaxaca".

O aquella de "Áandale, este chocolatito con churros, está sen-sa-cio-nal. Éntrale. No seas despreciativa."

O qué tal cuando nos dicen: "No me desprecies: este pastel lo hizo mi mamá y está buenérrimo, cómete aunque sea una rebanada".

Y con ese cuento, aquellas personas que deben ayudarnos a reforzar nuestra fuerza de voluntad —simplemente porque la diabetes nos cambió nuestra dieta acostumbrada de la noche a la mañana—, son los primeros en someternos a este tipo de chantajes que, de verdad, no se vale.

Que quede muy claro: no es que uno quiera despreciar a nadie; es que hay ciertos alimentos que nos hacen muchísimo daño. A veces es preferible, amigos lectores, llegar a parecer grosero que, por el hecho de darle gusto a alguien, terminar perjudicados en nuestra salud. Ni modo.

Yo puse esto en práctica y hablé con todos mis amigos y familiares y les compartí todo lo que me había dicho mi médico y sobre los cuidados que debía tomar. Por fortuna, encontré en todos y cada uno de ellos el apoyo indispensable para comenzar a recorrer esta nueva etapa de mi vida; por cierto, nada sencilla. Y es que cambiar de hábitos cuesta…

Decir "no" a un alimento que nos encanta, no es nada sencillo. Ver como una amiga se deleita con algún antojito atascado de carbohidratos o bañado en grasa y no pedirle "aunque sea una probadita", es muy difícil… Pero hay que hacerlo. No hay de otra si se pretende vivir con una buena calidad de vida.

Luego de mi regreso del viaje y mientras me dedicaba a sacar todas mis cosas de la maleta, mis hijas no dudaron en bombardearme con todo tipo de preguntas:

—Oye mami, ¿y qué te dijo el doctor de la hipoglucemia que has padecido? —me cuestionó mi hija Yoyis.

—Fíjate que le conté lo que me venía pasando mucho tiempo antes de que siquiera supiéramos que tenía diabetes y de todo lo que me provocaban esos bajones de glucosa. Él me explicó que por eso era importante que comiera cinco veces al día; porque si dejaba de comer, eso era exactamente lo que me iba a pasar: tener un ataque de hipoglucemia. También me recomendó que comprara en la farmacia unas pastillas grandes sabor naranja que se disuelven en la boca de inmediato y que me iban a regularizar a los pocos minutos. Porque ¡vaya que la hipoglucemia provoca una sensación terrible!

Y continué explicándole, por aquello de que nuestra familia es la primera que debe estar enterada de todo lo que nos pasa y nos puede pasar.

—De un momento a otro, sin decir agua va, el prediabético o el diabético empezamos a temblar, a sudar frío, y te entra una ansiedad desesperante por comer algo dulce. No podemos esperarnos. Hay que comer un chocolate o un caramelo de manera inmediata, para lograr calmar esa angustiante sensación.

Lo peor viene después: durante un mínimo de un par de horas, nos sentimos sin fuerza alguna para realizar cualquier tipo de actividad. Quedamos como hilacho. Es muy desgastante.

Yoyis continuaba escuchándome y yo quería seguir explicando qué pasa con esas terribles subidas y bajadas.

—Ahora bien, cuando el nivel de glucosa va a la alza (no precisamente como en la bolsa de valores, *sorry*), podemos tener todo tipo de síntomas: a mí me baja el nivel de visión, como que se hace más borrosa. Cuando esto me sucede es un síntoma inequívoco que debo checarme de inmediato con el glucómetro y hablarle a mi médico.

Generalmente él me indica que revise lo que he comido y que me tome una pastilla adicional para bajar mis niveles hasta que lleguen a un punto considerado "dentro de lo normal".

—¿Y deveras vas a cumplir al pie de la letra, todas las recomendaciones del doctor, mamá? —me cuestionó Susu, categórica—, porque tú eres muy antojadiza, no te hagas. A ver qué haces cuando pases frente a la señora que vende las quesadillas afuera del supermercado.

—Mira, Susu, por fortuna, esas quesadillas no se cuecen en aceite, sino al comal, sin grasa. Además, puedo comerme una quesadilla de requesón o de flor de calabaza, sin problema alguno. Esa señora no nada más vende quesadillas de chicharrón prensado o de pollo en mole. Hay alternativas, gracias a Dios —le respondí, mientras continuaba, tranquila, desempacando mis maletas.

—Oye mamá, ¡te desconozco! ¡Vaya que te convenció el doctor! —dijo mi hija menor.

—Es que lo que está en juego, Susu, es mi vida, ni más ni menos. Imagínate todo lo que me puede pasar si yo no me cuido: muchos, muchísimos diabéticos terminan con diálisis porque sus riñones les comienzan a fallar… y se pasan el resto del tiempo que les quede de vida, de dos formas: o dializados, o buscando un trasplante de riñón, y tú sabes bien que conseguir un riñón es muy difícil.

Al hablar sobre estos temas con mis hijas, recordé las imágenes y sensaciones que me produjo una insólita visita que hice algún tiempo antes.

A mí no se me puede olvidar una escena que traigo dolorosamente tatuada en mis recuerdos cuando acompañé a Martha Fox en algunas de sus muchísimas giras de trabajo. Tengo aún el recuerdo que me impactó como pocas cosas en la vida: habíamos acudido a un leprosario en el Estado de México.

Los trabajadores que allí laboran se esfuerzan para que el lugar sea un verdadero hogar para esos enfermos. Ello tratan a los enfermos con cariño y esmero. No obstante esos esfuerzos y la buena fe de los trabajadores, te duele el alma cuando platicas con los pacientes y escuchas sus testimonios.

Con una expresión leonina, característica de la lepra, los leprosos siempre esperan que sus familiares los visiten; y es que a varios de ellos los llevan allí para luego abandonarlos de por vida. Sus parientes nunca regresan porque se avergüenzan, como si padecer una enfermedad fuera un estigma o una culpa.

Otro de mis recuerdos que hoy están más vivos que nunca en mi memoria, es aquél cuando habíamos volado a Sonora y pude ver en un hospital la gran cantidad de personas que están a la espera de un riñón, mientras pasan su vida junto a una máquina que los está dializando.

Recuerdos, imágenes, sensaciones, dolor por el dolor ajeno, brotaron en mí cuando conversaba con mis hijas, con quienes continué mis reflexiones.

—Es tremendo, Susu, ver esos cuadros de enfermos. Te lo digo, el corazón se te hace pedazos… de la impotencia. Los enfermos de

Sonora eran diabéticos y ninguno se había tomado la molestia de cuidarse adecuadamente. Lo tremendo es que, cuando las complicaciones llegaron a sus vidas, el daño ya estaba muy avanzado. Como la diabetes no duele, la gente por lo regular no se cuida.

—Tú, que tienes corazón de pollo, ¿cómo has podido ver esos cuadros, sin ponerte a llorar desconsoladamente, mamá?

—¿Y quién te dijo que no se me salieron las lágrimas? Es terrible confrontar estas cosas, ver cómo la gente no se cuida y cómo, por desidia, termina en esas condiciones, Susu.

Hoy, viéndome reflejada en ese espejo, tengo la responsabilidad de cuidarme como nunca: por ustedes, por mis nietos, por mi madre, por mi marido, pero, por encima de todo y de todos, por mí, hija... por mí —le respondí, mientras, limpiaba mis ojos con el dorso de mi mano.

En ese momento escuchamos unos pasos por las escaleras que llevan a mi recámara: era mamá que me llevaba en los brazos un regalo: era el mismo libro de recetas para diabéticos que años atrás ella usó para guisarle a papá durante varios años. La noté profundamente mortificada.

—Lolita, de ahora en adelante yo te voy a guisar, para asegurarme que comas correctamente y no te vayas a sobrepasar. Nomás no vayas a hacer lo mismo que tu papá: ¿Te acuerdas cuando se salía en las tardes y se iba a dar sus atracones de pay de manzana con helado de vainilla?

—No te preocupes —le dije a mamá—. Yo no puedo... no debo convertirme en mi peor enemigo, mamá. Me queda claro que lo que yo no haga por mí, nadie más podrá hacerlo.

—Qué bueno que piensas así, hijita. Y ustedes —les dijo a mis dos hijas, mientras movía su dedo índice— no vayan a venir a mortificar a su madre, porque deben entender que para un diabético, los corajes o los sustos, son malísimos. Es peor que si tu mamá se comiera un pastel entero. Así que ya lo saben.

—Oye, yo no vengo a darle problemas a mi mamá, así que a mí no me digas, porque no me queda el saco —alegó Yoyis, contundente.

—Yo voy por un café —respondió Susu. ¿No quieren uno?

El respaldo por parte de todos y cada uno de los miembros de mi familia, fue total.

Recibí muestras de apoyo y de cariño de todos: mi marido, Walter, siempre estuvo al pendiente de que cumpliera con los horarios de mis medicamentos, me tomara los niveles de glucosa a distintas horas del día, durmiera lo suficiente y me estresara lo menos posible. Fuera de sus horarios de clases en distintas universidades, se dedicó en cuerpo y alma a mí. Por otra parte, mis hijas llegaban a diario, acompañadas de los nietos (en ese entonces, sólo eran cuatro).

Vamos, incluso hasta mi yerno, Gabriel, me invitó a que pasara unos días en el puerto de Acapulco para distraerme un poco, al lado de él, de mi hija Yoyis y de mis tres pequeños traviesos. Vaya para todos, mi amor y mi gratitud eterna. Que Dios me los bendiga hoy y siempre porque en esos momentos tan difíciles, encontré en todos, sin excepción, cada uno a su manera, la ternura y el cobijo que me empujaron a salir adelante y a luchar por mi salud y por mi vida.

Una vez superados los primeros meses en que la diabetes y yo comenzamos a conocernos y finalmente a "hablamos de tú", mis actividades recobraron su normalidad.

Desde hacía muchos años había estado redactando mis columnas en distintas revistas y periódicos, independientemente de mis programas de radio y televisión. A Walter, le gustaba la forma coloquial en que escribía y me insistió en varias ocasiones para que tomara la decisión de escribir mi primera novela y así lo hice.

Ajusté todos mis horarios para poder dedicarme en las noches, de lleno y sin interrupciones, al placer de crear historias y darles vida a cada uno de personajes con todos sus matices; con sus bondades y sus miserias, con sus alegrías y sus desgracias, con sus sueños y sus contundentes realidades. Mis compañeros inseparables en esas largas, larguísimas noches, fueron la computadora, mi música, mi glucómetro, algunos recuerdos, ciertas vivencias y mi imaginación. Y como resultado final de esta mezcla, surgió *Porque soy mujer*.

Una novela que habla de un fenómeno social que nos ha golpeado a muchísimas mujeres: la violencia intrafamiliar. Entre

Mi boda civil con Netza el 14 de febrero en nuestra primera casa.

Don Fernando Gutiérrez Barrios, Emilio M. González y señora, Carlos Salinas de Gortari, Cecilia Occelli de Salinas, Netza y yo.

En un corte de "Hablemos Claro".

capítulo y capítulo, llegó el momento de regresar a ver al doctor Davidson a Dallas, Texas.

Me había realizado los exámenes de sangre solicitados por el doctor, había seguido al pie de la letra todas y cada una de sus recomendaciones y, sobre todo, me había sometido con toda responsabilidad a la dieta que me fue recomendada.

La cita estaba hecha. Tomé mis maletas, puse dentro de ellas los resultados de mis análisis y, satisfecha por mi conducta, esperé con ansias encontrarme con mi médico para compartirle mis pequeños-grandes triunfos. Mi aprendizaje estaba dando buenos frutos.

Fidel Velázquez y yo.
Poca gente supo del extraordinario sentido del humor de Don Fidel,
en esta foto me estaba contando un chiste, para variar. Haberlo conocido y tratado
de cerca, ha sido uno de los regalos de vida más extraordinarios que he recibido.
¡Cómo extraño sus consejos y sabiduría!

CAPÍTULO NUEVE

CAMINANDO POR EL CAMINO RECTO

Sin duda, esos primeros cuatro primeros meses me había portado muy bien. De hecho, cuando el doctor me recibió en su consultorio, una vez que la enfermera me había pesado y tomado mis niveles de glucosa, me sonrió, satisfecho, y comenzó con el bombardeo de preguntas, mientras revisaba a detalle los análisis que había llevado desde la ciudad de México:

—¡Qué gusto verte más delgada! ¿Cómo te has portado?

—Bien, mi doctor. ¿Deveras se nota lo que bajé? —Lo cuestioné— ¿No me está grillando? —Dudé— Pues aquí me tiene, —agregué— adaptándome a esta nueva vida. No sé si me he sugestionado, pero fíjese que no se me ha antojado nada con dulce. El otro día que tuve una cena en casa, —le conté— preparé esto de postre: tomé seis peras mantequilla, les quité la piel pero les dejé el rabito. Las picotee un poco con un palillo, las bañé en vino tinto y las espolvoree con splenda. Las metí al horno media hora y las serví acompañadas de una rebanada de queso de cabra. Mis invitados quedaron fascinados. Saben deliciosas, se las recomiendo, doctor.

—Mmm... suena muy rico. A ver, déjame checar tu hemoglobina glucosilada. Esta prueba me va a decir si, efectivamente, te has portado bien o has hecho trampa.

—¿Qué es eso de hemoglobina glucosilada? Porque yo lo único que sé, es que me sacaron una buena cantidad de sangre, como cuatro jeringas pero de las gordas para todos los tests que me mandó a hacer —pregunté, curiosa.

—Es un examen que me dice cómo ha sido el comportamiento de tu glucosa durante los pasados tres meses. Aquí veremos reflejada toda la verdad.

—¿Y cómo me ve, doctor?

—Bien. El resultado está dentro de los límites normales de una paciente que comienza con diabetes y se cuida: 5.9. Pero dime, ¿cómo te has sentido? —me dijo mientras se levantaba de su escritorio caminando hacia la mesa de exploración donde me había indicado la enfermera que me sentara.

—Bien, doctor. Aunque fíjese que siento que mi piel está un poco seca. Tengo que usar suficiente crema en brazos y piernas para hidratarlos.

—A ver, vamos a revisarte, recuéstate por favor: ¿Cuántas cápsulas de omega 3 estás tomando?

—Una de un gramo en la mañana, doctor.

—Por lo visto no es suficiente. Vamos a tener que aumentar la dosis y a cambiarte la marca. Te voy a mandar Omacor. Este tipo de omega 3, sólo lo venden con receta médica. Te vas a tomar ahora una por la mañana y otra por la noche, porque también, a pesar de los medicamentos que te receté, no has bajado lo que yo quisiera en tu cuenta de triglicéridos y colesterol. Pero dime, ¿No has sentido cosquilleos o adormecimiento en las manos o pies?

—No, para nada.

—¿No te has hecho alguna cortada que haya tardado en cicatrizar?

—No.

—¿Te has sentido irritable o muy cansada?

—Que yo me acuerde, no, doctor. En eso de la irritabilidad, tengo muy presente que papá, en su última etapa, tuvo cambios muy fuertes de carácter. Andaba de malas y había perdido ese sentido del humor que siempre lo caracterizó, así que yo no quiero caer en lo mismo. ¿Cansada? Sí, a veces. Yo creo que ya me estoy haciendo viejita, porque me está pasando lo que nunca antes: después de comer me da sueño terrible. Comencé a tomar una siestecita; el problema se presentó cuando no fueron 15 o 20 minutos, sino que me aventé ¡tres horas!

—¿Así que, dormiloncita? —me comentó mientras sonreía.

—Nomás tantito. Y es que como estoy escribiendo mi novela, la mejor hora para dedicarme de lleno, sin interrupción alguna a escribir, es justamente durante la madrugada, porque en el día, entre las llamadas telefónicas, las citas, la muchacha que quiere equis receta, la secretaria, los compromisos, etc. No puedo concentrarme y la inspiración se me "espanta gacho".

—Sí, me imagino. ¿Has estado tomando tu metformina diariamente?

—Sí, doctor. Incluso he preparado mis pastilleros; uno para la mañana y otro para la noche con el objeto de que no se me olvide lo que debo tomar. Mire usted, aquí se los traje.

—Excelente. ¿Cómo vas con tu glucómetro? ¿Sigues checándote diario?—me dijo el doctor mientras tomaba nota de todo.

—Desde luego, a diferentes horarios, como usted me recomendó.

—¿Qué cifras has manejado dos horas después de comer, promedio?

—De 130 a 145, más o menos. Antes de cenar he llegado hasta 95. Oiga, lo que no me gusta es que sólo bajé dos kilos.

—"Más vale paso que dure y no trote que canse", como dice el refrán. Cuando se trata de bajar de peso, es preferible que sea despacio. De lo contrario, te puedes descompensar y no te conviene. Pero dime, ¿no te has enfermado de nada?

—Fíjese que sí. Resulta que fue una amiga mía a visitarme y traía un gripón bárbaro. Al día siguiente, me comencé a sentir muy mal pero al tercer día caí en cama, malísima, con bronconeumonía. Me tuvieron que poner varias inyecciones de antibiótico y también un vaporizador para tener el ambiente húmedo en mi recámara. Mi querido doctor Javier Castellanos, también me mandó unas pastillas para que me pudiera descongestionar el pecho y me dijo que no fuera a tomar jarabe porque tenía mucha azúcar. Incluso me dijo que los diabéticos, cuando tenemos algún tipo de infección, las cifras de glucosa se elevan así que me estuve picando los dedos cada tres horas durante cuatro días para tener todo bajo control.

A propósito, cuando usted vaya a México le voy a presentar al doctor Castellanos. Es un magnífico médico y una persona fuera de serie. De hecho él fue subsecretario de Salud hace un tiempo. La próxima vez que vaya a México, se lo voy a presentar. Estoy segura de que se llevará la mejor de las impresiones con él. Es un médico y un ser humano de primera.

—Desde luego que sí, me va a dar mucho gusto. Ahora bien, ten presente todo el tiempo que los diabéticos tienen bajas defensas.

—Sí, incluso he platicado con algunos médicos y les he dicho que los diabéticos y los enfermos de VIH, tenemos eso en común.

—Por ello debes cuidarte mucho más que antes de cualquier riesgo de contagio. Si se te acerca una persona que está enferma, corre como la peste, aléjate de inmediato. Es preferible adoptar una actitud poco social, que adquirir una complicación.

—Pero van a decir que soy una grosera.

—Ni modo. Tu familia y amigos, deben saber cuál es tu condición y tu fragilidad para contagiarte de cualquier tipo de virus. Yo te aseguro que si tú les explicas claramente, lo van a entender y si a pesar de ello se hacen los "sentidos", que pena. Primero estás tú y tu salud.

—Tiene razón, doctor. Lo que pasa es que por andar cuidando "ciertas formas sociales", no les dice una a las personas que eviten acercarse cuando andan gripientas y peor está la cosa cuando se ponen a estornudar a corta distancia.

—Por eso justamente, tienes que tomar todo tipo de precauciones, Lolita. Esa gente no sabe que los virus vuelan y son altamente contagiosos; ahora que lo sabes tú, a tomar medidas, que no te de pena.

—Pierda cuidado, doctor, que eso mismo voy a hacer. Lo que sí le quiero comentar es que desde el primer día que llegué a México, me dediqué a sacarle muestras de sangre a cuanta persona se cruzaba en mi camino para ver cómo andaban. Nada más le digo que descubrí que uno de los camarógrafos de mi programa, ¡traía 395 de glucosa! y el pobre hombre ¡ni siquiera sabía que era diabético!

—Sí, esa es una reacción muy natural. A muchos pacientes les pasa lo mismo. Menos mal que esa prueba te permitió decirle a ese camarógrafo que se atendiera. Por otra parte, cuéntame, ¿cómo has ido manejando el duelo de inicio? porque ya te veo mucho más tranquila, más repuesta.

—¿Qué le digo, doctor, cómo le explico? Yo creo que todos los seres humanos nos vamos acostumbrando a ciertas noticias, pero sobre todo, después del primer impacto, aprendemos a manejarlas con sentido de responsabilidad. Si yo me dejo caer, a nadie le sirve eso. Me voy a poner mal y eso va a repercutir en todo mi entorno y hasta en mi salud, así que he procurado ver a la diabetes de otra manera: hoy en día, es el pretexto perfecto para cuidarme y dejar de comer porquerías con grasa o con mucho carbohidrato. Con decirle que ahora, si me sirven algo que tenga grasa, me da mucho asco y no me lo como.

—¿Tanto así?

—Se lo juro. Es increíble. Por ejemplo, a mí que me fascinaban unos tacos de suadero, bien doraditos, que venden en un puesto blanco de la calle de Colima, allá en la colonia Roma. Los sirven con su salsa molcajeteada, cebollita y cilantro, unas gotitas de limón y su sal…

—No sigas porque ya se te está haciendo agua la boca… y a mí también —y soltó la carcajada el doctor.

—Eso sí, la carne la tienen literalmente "nadando" en la grasa y de allí la sacan para picarla y ponerla en las tortillas.

—Ahí ya no me gustó. La carne, si fuera asada, con todo y salsa molcajeteada, cebolla, cilantro, limón y un poco de sal, no estaría nada mal. De hecho, te hubieras podido comer dos tacos bien servidos sin problema alguno.

Aunque también debes tomar en consideración que si los tacos los venden en plena calle, a la intemperie, ¿te imaginas la cantidad de bichos que deben tener? Mínimo te estás exponiendo a una tifoidea. Mejor cuando tengas antojo de unos buenos tacos, ve a un lugar establecido, a un restaurante, donde tengas, por lo menos, cierta seguridad de que respetan las normas mínimas de higiene. Vuelvo a lo mismo: no necesitas enfermarte.

—Pues sí, doctor, pero aquí entre nos, los tacos de la calle no saben igual que los que preparan en un restaurante, a lo mejor por la mugrita. —le comenté, irónica.

—Menos mal que conservas tú sentido del humor, intacto, Lolita. Por cierto, te tengo una buena noticia: ya salió el medicamento del que te había platicado en tu visita anterior. Vamos a comenzar con la dosis de cinco y si la toleras, le subimos a diez microgramos.

—¿Y este medicamento, no tiene efectos colaterales, doctor?

—Sí tiene: una vez que te inyectes, debes comer algo a más tardar a los 15 o 20 minutos, porque de lo contrario, puedes tener nausea o hasta vómito, pero tomando todas las precauciones no pasa nada.

—¡¿Una vez que me quéeeeeee?! ¿Qué no le parecen suficientes las tremendas picotizas para las muestras de sangre del glucómetro? ¡Ni lo quiera Santa Claus!

—¿Tremendas picotizas? Ay, por favoooor, no me digas que te duelen, porque la vez pasada me aseguraste que no.

—Bueeeno… está bien… lo reconozco… no duele… exageré… fui una loca… pero de todos modos me da cosa, doctor.

—¿Cosa?

—Sí, me da mello. Muuuuucho mello.

—A ver… a ver… ¿miedo a qué?

—A las agujas, doctor. Lo mío es una fobia, se lo juro. —le comenté nerviosa.

—Pero si estos piquetes realmente no duelen, cuando mucho provocan una mínima, una pequeñísima molestia, pero nada más. No es algo que tú digas: "¡Qué doloroso!" En serio, Lolita, vale la pena que trabajes en ello. Platica con tu marido sobre este tema. Él en su calidad de psicoanalista, te podrá orientar al respecto.

El doctor trató de buscar un ejemplo sencillo para que me quedara claro su punto de vista y prosiguió con su explicación:

—A ver: existen muchos mitos sobre el uso de la insulina, unos más absurdos que otros. A mí me han venido a decir algunos pacientes en consulta que no van a usar insulina jamás, porque produce ceguera o amputaciones y aunque se les explique a detalle que la insulina la producimos todos los seres humanos, es decir, no es una sustancia desconocida la que estás metiendo en tu organismo, al final, todavía hay algunos que de plano, no quieren. Están como tú, que a pesar de saber que estas agujas no lastiman, continúas teniéndoles miedo.

—Pues sí doctor. ¿Qué le digo?

—Este nuevo medicamento que te sugiero, se aplica justamente como si fuera insulina, con esas agujas milimétricas que no te van a lastimar. Yo te sugiero que hagas la prueba. Si no la toleras, te la cambio, no pasa nada. Confía en mí.

—Bueeeno, está bien.

—En un momento más, le voy a pedir a la enfermera que te muestre como aplicártelo. Tú verás que no molesta nada. No dejes de cuidarte y nos vemos aquí en seis meses para checarte nuevamente. Si algo se te ofrece, no dudes en llamarme de inmediato.

—Pierda cuidado, doctor, así lo haré.

Me despedí del doctor y caminé rumbo a la oficina donde se encontraba la enfermera. Ya me estaba esperando armada de la pluma previamente cargada con el nuevo medicamento.

—A ver, señora De la Vega, le voy a mostrar cómo aplicarse esto: primero se lava bien las manos, después se desinfecta el área donde va a aplicar el medicamento. Deja usted que el alcohol se evapore y toma un pedazo de piel de su cintura haciendo presión, como si se fuera a pellizcar. Así, muy bien. Ahora, en una sola operación, meta la aguja y deposite el medicamento. Bien. Perfecto.

—¿Eso fue todo? —pregunté verdaderamente sorprendida

—Sí, *that's all*. Aquí está su receta y la esperamos en seis meses.

El doctor Davidson no me había engañado. En verdad no me dolió absolutamente na-da. *Nothing*.

A la salida del consultorio, Ana, Cynthia y yo proseguimos con nuestro ritual: la reservación en el restaurante de pescados y mariscos nos estaba esperando.

En mi boda civil con Walter Beller, acompañados de mis testigos:
Marcelo Ebrard Casaubón, Jorge Carpizo Mc Gregor
y Diego Fernández de Ceballos.

CAPÍTULO DIEZ

¡PRETEXTOS NO, POR FAVOR!

Mi vida en la ciudad de México continuó su camino, intensa, con el deseo de no hacer a un lado el compromiso que había adquirido conmigo misma. Los viajes de trabajo se daban muy seguido y lo interesante era, justamente, adaptar los platillos de cada región que visitaba a las necesidades de mi nueva forma de alimentación. Lo logré con mucho éxito, simple y sencillamente porque me propuse amarme, cuidarme y reflejarlo en una buena calidad de vida.

Procuré también que los problemas cotidianos o los no tanto, me afectaran lo menos posible porque eso también nos hace mucho daño a los diabéticos. No es que haya encontrado el frasco de pastillas de "me vale madre" porque por desgracia, todavía no las han inventado. (Habrá que sugerirles a los laboratorios que las hagan. Se van a hacer multimillonarios.) Simplemente decidí que si había un problema y tenía solución, habría que dársela. De lo contrario, la alternativa es ver la forma de encauzarlo sin que la angustia nos lastime. Dicho de otra manera, sin que nos altere nuestros niveles de glucosa.

Casi siempre las mujeres nos dedicamos a servir a todos porque esa es la educación tradicional: atendemos y cuidamos al marido, a los hijos, a los padres, a los tíos, a los primos, a los abuelos, a los amigos, a los compadres y hasta a las personas que se nos acercan pidiéndonos ayuda. Es entonces cuando surge la pregunta forzosa tarde o temprano: ¿Y yo? ¿En qué libro leo? ¿Cuándo me toca a mí? ¿Con qué me quedo?

Lo malo es que en muchas ocasiones esa pregunta llega demasiado tarde. Por eso vale la pena hacer un alto a tiempo y pensar en nosotras, en nuestros ideales, en nuestras metas, en nuestros anhelos; defenderlos y luchar por ellos porque la única forma de dar armonía a quienes nos rodean es viviéndola nosotras mismas. No se puede dar lo que no se tiene. Lo demás es una simulación que a la larga, nos deja con las manos vacías.

Estoy segura de que para algunas personas, esta afirmación suena un tanto egoísta y es que la sociedad y las costumbres demandan que la mujer piense primero en todos, menos en ella. Abnegación, dirían las mujeres del siglo pasado. Y es que la abnegación no es otra cosa más que la negación de nuestros propios derechos.

Por eso, querida lectora, si usted tiene diabetes, ha llegado el momento de comenzar a pensar en usted, ahora sí y por primera vez, por encima de todo y de todos. Apapáchese. Cuídese. Quiérase. Porque si usted no está bien, su entorno tampoco lo estará.

Hace unos meses me llamaron poderosamente la atención, unos espots que pasaron en la televisión, en los cuales una mamá le pedía perdón a sus hijos por haberles heredado la diabetes.

"Hijo, perdóname por haberte heredado la diabetes, pero vamos a cuidarnos tú y yo con la crema tal y tal".

Cuando los vi, me quedé helada. Seguramente los diseñadores de esa campaña en particular no eran diabéticos, porque sólo aquellas personas que no lo han vivido en carne propia, pueden decir una estupidez de ese tamaño y encima, pasarla por televisión.

Yo me pregunto: ¿de cuándo acá los padres somos conscientemente responsables de heredarles a los hijos una predisposición genética, interpretando —perversamente— que les pasamos a sus células, cuando se están formando en el vientre materno, una enfermedad como si se tratase de un daño premeditado y manejado a voluntad, con el único fin de joderles la vida? ¿En qué cabeza puede caber un pensamiento como ese?

Por supuesto que he escuchado a algunas mujeres diabéticas que se sienten mal porque el hijo o la hija o el nieto o nieta presentan esta enfermedad en algún momento de sus vidas. Pero de eso, a fomentar un sentimiento de responsabilidad en una madre que ya de por sí trae su propia carga, me parece profundamente injusto, por decir lo menos. Fomentar la ignorancia o la culpa mal entendida en un medio de comunicación masiva, sólo para vender un producto, no se vale.

¡A lo que pueden llegar algunos publicistas!

Mis programas, tanto en Azteca como en Radio y Tele Fórmula, continuaron adelante y cada vez con mayor rating hasta obtener, orgullosamente, el primer lugar de toda la barra de opinión.

Recuerdo bien que un día en el noticiero del medio día, vi un reportaje sobre el gordo más gordo del mundo. Al inicio del tratamiento, pesaba casi 500 kilos, como si fuera un toro de lidia. Manuel vivía en Monterrey, Nuevo León y tenía varios años recluido en una cama, ya que la obesidad mórbida que padecía, no le permitía moverse o levantarse. A su lado, estaban sus médicos tratantes, originarios de Guadalajara que le estaban otorgando gratuitamente todo el tratamiento. Este paciente a lo largo de casi dos años, había bajado hasta ese momento unos 200 kilos, aproximadamente.

De inmediato me comuniqué con Erika, mi productora, y le pedí que averiguara los teléfonos de estos médicos, platicara con ellos y los invitara para hacer un programa. Me interesó muchísimo conocer su sistema ya que si en realidad era tan maravilloso como parecía, se podría ayudar a muchísima gente que sufre horrores por el sobrepeso y de paso, si a este gordo lo habían bajado 200 kilos, a mí, fácilmente, me podrían dejar cual sílfide… ¡faltaba más!

Erika los localizó de inmediato en Guadalajara y unos cuantos días después, Gustavo y Silvia Orozco estarían tomando un té en el ante comedor de mi casa, platicándome sobre el sistema que ellos utilizan.

Basado en las investigaciones hechas por el doctorBarry Sears, científico de la universidad de Harvard, trajeron a México los productos de la Zona, mismos que trabajan a nivel de la inflamación celular, que es, precisamente, lo que nos lleva a las enfermedades crónico—degenerativas, cuando esta inflamación está fuera de control o es muy alta. El suplemento estrella de la Zona es, por supuesto, el omega 3, grado farmacéutico.

Utilizando una serie de suplementos, y después de que me practicaran ciertos estudios en sangre (¡otra vez más piquetes!) me aseguraron que mis niveles de glucosa, colesterol y triglicéridos bajarían considerablemente, y como un plus, los kilitos de sobrepeso que tenía (ocho), comenzarían a desaparecer de mi cuerpo. La oferta sonaba muy tentadora. Si me apegaba a sus indicaciones, no tenía nada qué perder y a lo mejor, mucho por ganar. El doctor Orozco me preguntó con toda claridad:

—Lolita, ¿vas a hacer la dieta y te vas a tomar los suplementos?

Lo pensé por unos minutos. Finalmente le dije que sí.

Mientras tanto, ya era tiempo de regresar a Dallas para mi visita con el doctor Davidson. Mi secretario particular, marcó en varias ocasiones al consultorio para solicitar una cita. Las respuestas siempre fueron las mismas:

—El doctor no está. El doctor esta fuera de la ciudad, pero si la señora De la Vega quiere venir, aquí está la enfermera que la puede atender.

¿Ir hasta Dallas para que me viera una enfermera? Para nada. —pensé.

—No, señorita. Nosotros nos comunicaremos en un par de semanas para ver si el doctor ya regresó de su viaje. —les dijo mi secretario.

A las dos semanas, pasó exactamente lo mismo. Desesperada, llamé a Cynthia, la hija de Ana Rosa, quien era amiga del doctor, para que me dijera que era realmente lo que estaba sucediendo.

—Mira Lolita, la verdad es que Jaime tiene leucemia y está en tratamiento en estos momentos.

—¿Peeeero… cómo? ¿Cuándo te enteraste?

—Hace muy poco. Por eso le han dicho a tu secretario que si tú estabas de acuerdo, la enfermera te podía atender. Esa es la verdadera razón por la cual Jaime no ha podido recibir a ningún paciente.

—¿Y cuánto tiempo, se supone que tarda el tratamiento?

—Depende de la cantidad de quimios que le den —me dijo Cynthia.

—Qué pésima noticia me has dado, Caray, se veía tan bien. Jamás me hubiera imaginado algo así.

—Pues sí, nosotros tampoco. Parece ser que se la descubrieron cuando se practicó sus exámenes de rutina. Afortunadamente está en muy buenas manos y lo están atendiendo muy bien. Yo estoy segura que va a salir adelante.

—¿Y mientras tanto qué podemos hacer sus pacientes?

—Bueno, yo creo que lo conveniente sería que tú te comunicaras al consultorio y tal vez allí te puedan recomendar a otro médico mientras Jaime se recupera. La verdad, para eso no hay fecha y no te puedes quedar sin atención médica.

—Eso mismo voy a hacer. Gracias por informarme, Cynthia, y seguimos en contacto directo. Dale un beso a los niños y un abrazo a tu marido. *Bye bye.*

De corazón, la noticia me cayó como un balde de agua helada y es que resulta difícil encontrar a un médico que realmente se gane nuestra confianza, sin cortapizas. Yo había encontrado a mi médico y la leucemia me estaba separando de él.

De inmediato marqué al consultorio del doctor Davidson y me preguntaron si quería un médico en Dallas o en otra ciudad de Estados Unidos. Como yo voy muy seguido a mi tierra, Ciudad Juárez, prácticamente cada mes, les pregunté si había alguno que me pudieran recomendar en El Paso, Texas. Para mí era mucho más fácil volar a Ciudad Juárez y cruzar el puente, que desplazarme hasta Dallas. La secretaria quedó en enviarme la información vía correo electrónico.

Esa misma tarde encontré en mi bandeja de entrada, un correo con el nombre, teléfono y dirección del doctor Sergio Rovner, en El Paso, Texas. Al día siguiente hice mi cita y una semana después volé a mi tierra para encontrarme con quien sería mi médico en Estados Unidos hasta el día de hoy.

De origen argentino, el doctor Rovner me recibió en su consultorio y me hizo sentir en casa. De inmediato me abrí de capa y le platiqué mi experiencia como diabética, desde el punto de vista humano, social y hasta familiar, ésa que nos pega directamente en nuestra cotidianeidad. La parte médica ya la conocía porque del consultorio del doctor Davidson le habían enviado mi expediente y estaba al tanto de todo mi caso.

Desde la primera consulta hicimos un excelente click paciente-médico. De figura menuda, el doctor Rovner resultó ser un encanto de persona. La sala de espera, a pesar de tener un buen espacio y muchas sillas, siempre está a reventar de pacientes que van en busca de una atención médica gentil y confiable. El doctor, me consta, suele tomarse el tiempo para atendernos a cada uno con paciencia, amabilidad y tolerancia. Para nada le hace honor a la mala fama que tienen algunos argentinos cuando salen de su país.

Como mi médico de cabecera en el tratamiento de mi diabetes, cada vez que presento algún otro problemita de salud, de inmediato me deriva con el mejor especialista de la ciudad en esa rama de la medicina. Así fue como llegué a mi actual ginecólogo, el doctor Joel T. Hendryks. Y es que como lo he comentado con anterioridad, hay que checarse to-do. De arriba abajo. Con la cantidad de mujeres que hoy en día padecen de cáncer de senos o cáncer cérvico-uterino, más vale prestarle atención y visitar al ginecólogo por lo menos, cada año.

En mi visita más reciente al doctor Hendryks, me fui de espaldas cuando me comentó que tanto en Ciudad Juárez como en El Paso, Texas, había una incidencia verdaderamente alarmante del virus del papiloma humano, y que 60 por ciento de la población en ambas ciudades, estaba infectada.

—Oiga, doctor, pero esa cifra es escalofriante.

—Efectivamente, Lolita. La promiscuidad en la frontera, siempre ha estado presente y por desgracia, muchas personas no se cuidan y tienen relaciones sexuales sin protección alguna. En estos casos, el riesgo de contagio más alto dejó de ser el de los homosexuales; hoy por hoy, lo tienen las amas de casa, porque si su marido les ha sido infiel, ellas terminan siendo las paganas de esa aventura, es decir, acaban contagiadas por el propio marido.

—¡Qué barbaridad!

—Sí. Ellas pueden "portarse bien" y tener la certeza de estar libres de este virus, pero no saben si su marido está teniendo una aventura extramatrimonial con alguna mujer que lo tenga. Allí comienza esta cadena interminable de contagios.

—Qué fuerte, doctor. Pobres mujeres.

—Afortunadamente, ya existe la vacuna contra el virus del papiloma. Se les está aplicando a las niñas y jovencitas para que cuando inicien su vida sexual, estén protegidas. Ciertamente la vacuna no cubre a todos y cada uno de los virus, pero por lo menos las protege de los más agresivos.

—¿Y por qué solo se les aplica a las niñas y jovencitas? ¿Qué las mujeres de los 25 en adelante no tienen relaciones sexuales y por lo tanto, riesgos de contagio? ¿No le parece absurdo, doctor?

—Buen punto. Coincido contigo. Habrá que hablar con los laboratorios que producen la vacuna. Yo a ti te encuentro perfectamente bien. No tienes problema alguno. Tu papanicolaou salió limpiecito. No dejes de tomar tu tratamiento hormonal y nos vemos aquí en seis meses. Por cierto, mis pacientes están encantadas con el cojín que me trajiste a regalar en tu última visita todas se sienten identificadas con la leyenda de: "Sigo siendo una mujer ardiente. El problema es que ahora el ardor, se presenta vía los bochornos". Ja, ja, ja, ja, ja. Lástima que no te dedicas a vender estos cojines, Lolita, mis pacientes te los arrebatarían.

—Sí, me pareció muy simpático y un regalo ideal para un ginecólogo con sentido del humor. Por cierto, el cojín luce muy bien, acomodado en el mueble donde están las enfermeras. Todas sus pacientes necesariamente lo ven al pasar.

Entre broma y broma, me despedí de mi ginecólogo y quedé en regresar a los seis meses para mi chequeo de rutina y mi infaltable mamografía. Había que poner una palomita en "ese departamento". Otra visita médica con buenos resultados.

Durante todos estos 20 años de transmisiones ininterrumpidas en TV Azteca, primero con "Hablemos Claro" e inmediatamente después con "Frente a Frente", y desde hace once años en Radio y Tele Fórmula, he tenido el privilegio de haber entrevistado a todos los líderes de opinión de este querido país.

He podido dialogar con priístas, panistas, perredistas, verde ecologistas, petistas, líderes obreros, campesinos, actores y actrices, cantantes, intelectuales, maestros, líderes religiosos, deportistas, psicólogos, abogados, médicos, presidentes de la República, primeras damas, gobernadores, secretarios de estado, senadores, diputados, empresarios, procuradores, embajadores, comunicadores, jóvenes, personas de la tercera edad, guerrilleros, candidatos, policías, bomberos, líderes de opinión, científicos, escritores, homosexuales y heterosexuales, pobres y ricos, honestos y grillos, hombres y mujeres comprometidos con México y otros que se sirven de él para su exclusivo beneficio personal.

En mis programas, desde sus inicios, todos, sin excepción, han contado con un espacio abierto al debate libre y responsable de las ideas.

Pero sobre todo, han sido ustedes, mi público, quienes siempre han tenido la última palabra.

¡Vaya privilegio el mío! El entrar semana a semana a la casa de todos y cada uno de ustedes, sin siquiera tocar la puerta. Eso es lo que yo llamo una enorme responsabilidad.

Es por ello que tanto el equipo de producción como una servidora, sábado a sábado, hacemos nuestro mayor esfuerzo para estar a la altura de su confianza, abordando los temas que a ustedes les interesa y nos piden que tratemos vía sus correos electrónicos y sus llamadas telefónicas.

Ciertamente, el tema de la diabetes ha sido una constante petición y es que todos, ya sea dentro de la familia consanguínea o política, o tal vez entre los amigos y conocidos, tenemos a alguien que padece esta enfermedad. Y es que la diabetes está considerada ya como una pandemia.

Por eso es fundamental que nuestras autoridades locales, estatales y federales, hagan a un lado sus intereses de grupo y se sumen todos, para educar, facilitar y explicar a la población lo riesgos que implica tener esta enfermedad y las complicaciones a las que estamos expuestos los pacientes diabéticos, si no tomamos cartas en el asunto y le ponemos punto final a la ignorancia y a la indolencia.

¿Por qué no incluir en los libros de texto de primaria, la materia de salud y prevención, donde se hable de todas las enfermedades que hoy por hoy nos aquejan, sobre todo las crónico-degenerativas?

¿Por qué no enseñarles a los niños a comer correctamente y a no llenarse de comida chatarra y porquerías?

¿Por qué no supervisar las escuelas y hacer acuerdos entre padres de familia, maestros y autoridades, para que nuestros pequeños durante el recreo, en lugar de venderles papas fritas, charritos, dulces y refrescos, se les pueda ofrecer algo mucho más nutritivo, que no los engorde como puerquitos?

¿Qué no les da pena a nuestras autoridades, saber que tenemos el vergonzoso primer lugar mundial de niños obesos, aun

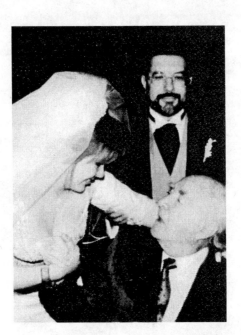

José López Portillo, esposo de mi querida amiga Sasha Montenegro,
durante la recepción de mi boda.

por encima de los Estados Unidos? ¿Qué futuro les depara a estas criaturas?

¿Qué ha faltado? ¿voluntad política? ¿ganas de hacer las cosas? ¿conciencia? ¿presupuesto? ¿o una suma de todo lo anterior?

Y nosotros como padres de familia, ¿qué hemos hecho para proteger la salud de nuestros niños? Porque no sólo las autoridades tienen la responsabilidad en este problema de salud pública. Todos, absolutamente todos, somos corresponsables.

Yo los invito a que tomen las riendas de su vida. Si ya tienen diabetes, hay que modificar nuestros hábitos alimenticios y modo de vida. Si no la tienen, se puede dilatar su aparición, aunque se tenga una carga genética, comiendo sanamente, haciendo ejercicio y cuidando el peso. Créanme, no es tan difícil.

Ernesto Zedillo y yo.

Martha Sagahún, Vicente Fox y yo.

Felipe Calderón, Margarita Zavala de Calderón y yo en una de mis fiestas.

Presentación de mi libro Porque soy mujer *en el Salón Verde de la Cámara de Diputados.*

CAPÍTULO ONCE

MI PÚBLICO Y YO

Hace unas semanas, hicimos dos especiales en TV Azteca dedicados a la diabetes. En el primer programa, de los siete mil correos electrónicos que recibí, hubo uno, en particular, que me impactó muchísimo y decía así:

> Mi nombre es Victoria, tengo 45 años y desde hace diez tengo diabetes. El problema es que soy muy dejada con los medicamentos y me da miedo que me estén picando los dedos para checar mis niveles de glucosa en sangre.
>
> Desde que tengo memoria, tomo refrescos de cola y por más que he tratado, no los puedo dejar. El doctor me dijo que probara con refresco de dieta, pero como no me sabe igual, sigo tomando el que tiene azúcar. Diariamente consumo por lo menos dos litros de refresco de cola.
>
> Tampoco cuido lo que como y consumo muchas grasas. Mi familia me pide que controle mis alimentos pero yo me enojo porque hay cosas que me prohíben comer. No hago nada de ejercicio y como le tengo pavor al doctor, cuando me siento mal, prefiero quedarme en casa y dormir, que acudir a la consulta ya que tengo miedo que me de malas noticias.
>
> Espero que me puedan dar un consejo para estar consciente y controlar esta enfermedad pues me gustaría disfrutar de mi familia mucho más tiempo. Espero respuesta.

Esta carta es el más claro reflejo de la indolencia y la irresponsabilidad con que muchísimos diabéticos asumen su enfermedad, pretendiendo tener una buena calidad de vida, pero sin hacer el más mínimo esfuerzo.

Quieren todo peladito, en la boca y arrempujado.

Muchos dicen que les gustaría sentirse bien y no tener una sola complicación, mientras se meten grasas, azúcares y carbohidratos al por mayor, a sabiendas de que eso, precisamente, es lo que no pueden… no deben hacer.

Tampoco les gusta checarse sus niveles con el glucómetro; por lo tanto no pueden saber a ciencia cierta cómo se está comportando su glucosa y alegan tener "miedo" a un pequeñísimo piquetito que, escuchen bien, NO DUELE.

Y como tampoco están dispuestos a escuchar una "mala noticia" de su médico, prefieren tomar la clásica actitud del avestruz: meter la cabeza dentro de la tierra, dejando al aire… todo lo demás. Aparentemente, para ellos es más cómodo hacerle al tío Lolo, aunque ciertamente resulta muchísimo más peligroso a mediano y largo plazo.

Y la parte de la carta que resulta ciertamente irónica, es cuando Victoria me expresa su deseo de querer compartir más tiempo con su familia, cuando ella misma reconoce que se la pasa peleándose con ellos porque le piden que cuide su alimentación.

Remata la carta, pidiéndome un consejo para estar "consciente".

Sin lugar a dudas, Victoria, tú estás perfectamente consciente de que estás actuando muy mal; tú no requieres de un consejo para "abrirte los ojos"… los tienes perfectamente bien abiertos.

Por otra parte, tu familia, aunque haga el intento de protegerte contra todo y contra todos, de lo único que no te podrá defender, es de ti misma, porque con esa actitud, Victoria, te has convertido en tu peor enemiga.

Yo también como tú, Victoria, le tengo pavor a las agujas, pero de ninguna manera voy a permitir que este sentimiento me paralice y me evite la posibilidad de cuidarme adecuadamente.

Además, a los 45 años, ya estás bastante grandecita como para dejar a un lado esa actitud de adolescente tardía. Si no pones de tu parte para hacerte responsable del manejo de tu enfermedad, ni yo ni nadie te haremos cambiar de actitud y tu destino no será nada promisorio.

Miedo, lo que se llama miedo, hay que tenerle pero a la ceguera, a la sordera, a vivir el resto de la vida dializada con un serio daño en los riñones, a la amputación de un pie o una pierna, a sufrir infartos y a una muerte prematura. Ese miedo, manejado positivamente, nos debe servir justamente para cuidarnos, no para boicotearnos.

En tu caso, Victoria, así como en muchísimos otros pacientes diabéticos, es fundamental trabajar en serio y a fondo, la depresión, el amor propio y el sentido de responsabilidad hacia ti misma.

Yo no conozco hasta el día de hoy a una sola persona que le provoque una felicidad inenarrable el tomarse sus pastillas, sacarse sangre, inyectarse o renunciar a ciertos antojitos que aunque van en contra de nuestra salud, son muy sabrosos. Pero en el caso de tener diabetes, como cualquier otra enfermedad, hay que tomar ciertos cuidados indispensables para poder estar bien.

Ni modo. Así es esto.

Por eso Victoria, te sugiero que te pongas tus pantalones de mujer, no los de niña berrinchuda e irresponsable y asumas tu compromiso con la persona más importante en tu vida: tú.

Créeme… no te vas a arrepentir.

Otra de las cartas que me sacudió hasta el fondo de mi alma, fue la que me mandó Juan, de 40 años, originario del Distrito Federal, en la cual me decía:

Señora Lolita, qué bueno que usté se atiende con los mejores médicos en los Estados Unidos y en México; se checa su azúcar diario, toma sus medicinas, y está muy bien. La felicito.

Nomás quiero que me aclare una cosa: en mi familia somos cinco los que tenemos diabetis, mi madrecita mis dos hermanos, mijo y yo. Nosotros vivimos al día. Ninguno tenemos derecho al Seguro o al ISSSTE, porque somos vendedores ambulantes.

¿Cómo nos podemos cuidar los pobres que tenemos diabetis si todo está tan carísimo, dígame? Yo uso insulina y como no me alcanza 'pa cambiar de agujas cada vez que me inyecto, la misma aguja la uso diez veces antes de cambiarla, porque no tengo 'pa más.

¿Un glucómetro? ¡Dónde va usté a creer…ni pensarlo! ¿De dónde voy a sacar 'pa comprar las tiras? Están que arden de precio. O compro las tiras o no comemos naiden. Y luego, ¿cómo cree que voy a comer sanamente?, si cuando mucho, nos alcanza 'pa echarnos unos tacos de canasta con un chesco, no hay 'pa más.

Eso sí, caminamos bastantito 'pa revender la fruta que compramos en la central de abastos, pero con la crisis que hay, la venta ha bajado rete harto, así que preferimos venderla sin ganarle casi nada, a que se nos eche a perder. La caminada sí es ejercicio. ¿Verdá?

Usté Señora Lolita, tiene dinero 'pa atenderse bien, pero nosotros no. ¿Cómo le hacemos, a ver, dígame?

Me da rete harta muina cuando mi mamacita se pone mal y no tengo dónde llevarla, porque no hay con qué. Nomás le asamos unos nopalitos y le hacemos un té de xoconoxtle, pero no le sirve de mucho porque se queda tirada en su cama, como desmayada, la pobrecita.

La medicina que le mandó un dotorcito era rete bien cara, por eso le compro ahora unas pastillas mucho más baratas que no son de marca muy güeña; el problema es que no siempre le hacen efecto, quien sabe porqué. Todo el santo día anda con mucha sed y se cansa rete harto.

Usté que sabe tanto, recomiéndeme algún dispensario médico o alguna clínica que nos cobre barato, porque a mi mamacita ya se le pusieron los pies bien negros y dice que no los siente.

Gracias Señora Lolita, por oírme y que la virgensita de Guadalupe me la bendiga.

¡Vaya impotencia la que experimento cuando recibo este tipo de correos! Impotencia y rabia... dolor. Porque no es posible que pacientes como Juan y su familia, no sepan en dónde se les puede atender, porque nadie les ha dicho nada y mientras tanto, las cifras de diabéticos en nuestro país siguen creciendo alarmantemente... escandalosamente.

No se vale que nuestra gente más humilde tenga que pasar por este vía crucis, cuando el acceso a la atención médica está considerado como un derecho, no un privilegio o una graciosa concesión.

Sabía usted que:

La diabetes ocupa el primer lugar en defunciones en el país.

La diabetes tiene el cuarto lugar en muertes en el mundo.

Cada diez segundos, dos seres humanos en el mundo desarrollan diabetes.

Ricardo Salinas Pliego y yo.

*Yoyis y yo durante un show de Raphael en el Florida Park
en Madrid, España.*

Cada año, siete millones de personas adquieren esta enfermedad.

En México, de enero a junio del 2009, se han presentado once mil ocho muertes por la diabetes y sus complicaciones.

Más de 50 por ciento de los casos de diabetes tipo 2, se pueden prevenir.

Luego entonces:

¿Qué está haciendo falta para que todos, autoridades y sociedad, sin politizar las carencias y enfermedades, tomemos cartas en este asunto, me pregunto yo?

¿Qué requerimos para hacer a un lado la apatía, el "ai se va"?

¿Cuándo vamos a dejar de ser los diabéticos una estadística más?

¿Dónde quedó el espíritu de solidaridad con los que menos tienen, ese espíritu del que tanto presumimos los mexicanos?

¿Cuántos enfermos y cuántas muertes más necesitamos en México, para tomar conciencia, responsabilidad y actuar en consecuencia?

Susu y mi nieta Miranda en su cumpleaños.

Mi primer nieto Rodrigo, a los 15 días de nacido en su primer viaje con su abuela a mi tierra, Ciudad Juárez, Chihuahua.

Mi querido "Gober" José Reyes Baeza y yo, durante la transmisión del programa "Chihuahua a puertas abiertas".

ANTE ESTOS RETOS MI RESPUESTA
Y RESPONSABILIDAD

✖

Hoy he decidido abrir mi corazón, desnudar mi alma y compartir con ustedes mis experiencias, mis sinsabores, lo que he aprendido de esta enfermedad, mi testimonio de vida… la vida que me ha tocado vivir. Con sus alzas y sus bajas. Con sus éxitos y sus fracasos. Sin duda, esta vida mía no ha sido ni con mucho un jardín de rosas, pero si este libro sirve para ayudar y concientizar a una sola persona que padezca de diabetes, con ello me doy por bien servida… el esfuerzo y las largas horas de trabajo, habrán valido la pena.

Yo perdí a mi padre cuando él tenía 61 años y, sin duda, su muerte ha sido la mayor de mis tragedias. No quiero que mis hijas y mis nietos pierdan a su madre y a su abuela a mediana edad. Ellos, mi descendencia, mis seis nietos, Rodrigo, Miranda, Alejandro, Gabriel, Miguel y Rocco, así como ellas, mis dos hijas, Dolores y Alejandra, tienen todo el derecho a disfrutar de la presencia de una mujer que se quiere, se preocupa por su bienestar y se cuida, con conciencia. Esa mujer que estará siempre para ellos, que los ama y los quiere ver vivir y crecer, aprender y soñar, caer y levantarse, con la certeza de que yo estaré allí para ellos y que el día en que Dios me lleve, no será por un descuido mío, sino porque todo tiene un principio y un fin. Pero me interesa mucho que aprendan con mi ejemplo de vida, que en una y sólo en una, radica la responsabilidad de tener una vida con calidad o acabar con ella.

Esta historia continuará…

Mi boda religiosa con Walter, el 21 de marzo de 2000.

MI VIDA AL LADO DE MI ESPOSA LOLITA

WALTER BELLER

> *El amor no sólo descansa allí, como*
> *una piedra; debe ser hecho, como el pan,*
> *rehecho todo el tiempo.*

URSULA K. LE GUIN

Mujer de carácter fuerte y muy dinámica, Lolita se ha caracterizado por ser innovadora en todos los campos de su vida. Ella es posee
un extraordinario sentido del humor y por eso la vida a su lado
jamás podrá ser aburrida. Ella es muy dulce y cariñosa; es generosa
y entregada con su familia y sus amigos. Para mí es un privilegio
compartir con ella todas las facetas de la vida en común. Siendo
una figura nacional, se podría suponer que en la vida cotidiana y
familiar adoptaría "poses de diva".

Nada más alejado de ello: su trabajo en la radio y la televisión
nacionales es para ella eso mismo: un trabajo, que disfruta y le gra-
tifica enormemente, pero jamás ha despegado los pies de la tierra.

Lolita es una mujer que vive su cotidianidad "sin maquillaje" (para
utilizar el título de un programa que tuvo hace algunos ayeres en Grupo
Acir), que se deleita escuchando música (siempre me sorprende que
se sepa las letras de todas las canciones, sean en español o inglés),
que se entusiasma con las conversaciones inteligentes sobre todos los
temas (aunque le fascinan las cuestiones políticas) y que se divierte
comprando cosas bellas para ella, para nuestra hogar y para su madre,
hijas, nietos y los cinco niños de cuatro patas que tenemos en casa.

Lolita es todo eso, pero también es una mujer profundamente sensible y amorosa. Por eso mismo para ella fue un golpe tremendo cuando el médico le comunicó que se le diagnosticaba diabetes. Dadas las experiencias terribles padecidas por sus familiares y en particular por su señor padre (de quien Lolita mantiene un justificadísimo recuerdo), la comunicación del médico le impactó muchísimo. Sintió entonces que la columna vertebral de su vida se le quebraba y se venía abajo.

Aquel día fue terrible para ella, y a mí me sacudió como un terremoto. Recibir esa información nos reafirmaba de una manera cruel nuestra condición de seres mortales.

Aunque todos sabemos que la diabetes no implica automáticamente una sentencia de muerte, también sabemos (o deberíamos saber) que siendo una enfermedad incurable, demanda cuidados muy especiales y constantes (cosa que muchos diabéticos olvidan).

A partir de ese momento comprendimos que la vida en pareja ya no será la misma de antes; que se iniciaba un proceso de acompañamiento y un compromiso existencial permanente de cara al padecimiento.

Yo sentí la necesidad de ofrecerle a Lolita todo mi apoyo y protección. Pero nadie está preparado para lidiar con algo así: ni ella como enferma ni yo como marido y compañero suyo. Sin embargo, en un primer momento traté de ocultar mis preocupaciones y temores, buscando presentar una visión del futuro que, sin dejar de reconocer lo delicado del caso, exaltase la fe en la vida y en los valores vitales (valores que permanecen en la esencia de Lolita).

Pensé que nuestro aliado era el saber médico y los constantes avances de la tecnología farmacéutica. El amor nos lleva a querer minimizar la noticia, eso es cierto. Precisamente por ello, quienes acompañamos a los enfermos diabéticos tenemos que ir admitiendo que existen cambios en muchos aspectos fundamentales de la vida de pareja.

Fue así como traté de serenarme para medio tranquilizar a Lolita. Durante las primeras semanas eso fue prácticamente imposible. El llanto y la tristeza, los miedos suyos y los propios míos, nos llevaron a pasar días de infinita angustia. Para ella era la peor de todas las noticias de su vida y para mí una señal de que teníamos que mudar de aires, sin saber a ciencia cierta en ese momento qué y cómo cambiar.

No cabía invocar a los filósofos que hablan de la serenidad, la prudencia, el estoicismo o la resignación. Era el momento de encontrar una salida viable. Se me ocurrió apelar al sentido pragmático del cual Lolita siempre hace alarde y aplica. Así que, poco a poco, emprendimos juntos el camino de las soluciones en lugar de quedarnos en los lamentos, la postración y la inactividad.

Para bien o para mal, Lolita sabía, por sus antecedentes familiares, que tener diabetes implica actuar con una renovada responsabilidad sobre lo que se puede comer y lo que no se debe comer. Pero ambos fuimos aprendiendo cuáles son las cosas que hay que evitar sin escusa ni pretexto.

Fuimos juntos al primer médico. El especialista nos dio esa lista de cosas que están prohibidas para los diabéticos y que no se reducen a dejar de consumir dulces y azúcares en general. Recuerdo muy bien que uno de los asuntos en que insistió el médico fue en el componente emocional. Lolita debía evitar a toda costa las alteraciones emocionales, sobre todo los enojos.

Al escuchar esto, me quedó claro que una de las primeras cosas que yo tenía que hacer era impedir que Lolita tuviese cualquier disgusto. Para empezar, que yo mismo no debía generarle ninguna contrariedad ni enfado.

El aspecto emocional (mantener un ánimo estable y evitar enfados, disgustos, inquietudes, turbaciones o exaltaciones fuertes) es tan importante para los enfermos diabéticos como lo es el aspecto físico (los cuidados en cuanto a la comida, el empleo de medicamentos particulares, las constantes revisiones con el glucómetro, la supervisión médica continua, etc.).

Y es precisamente en esos aspectos que los familiares y las parejas debemos poner especial atención. Y si fallamos, hay que saber pedir perdón y proponerse nuevamente volver cuidar a nuestros enfermos, controlando nuestros propios estados de ánimo.

Ahora bien, saber que tenemos el deber moral y amoroso de velar por un enfermo diabético, no significa, necesariamente, que sepamos cómo hacerlo.

Por eso tenemos que acompañar a nuestros seres queridos cuando van a la consulta médica, preguntar e informarnos sobre lo que debemos hacer y lo que debemos evitar para auxiliarlos adecuadamente en el cuidado de su enfermedad. El médico le dijo a Lolita que tenía que pensar en ella y en su salud, creando una coraza frente a los problemas y los vaivenes diarios.

Platiqué largas horas con ella acerca del amor por sí misma. Le recordaba que el mandamiento cristiano de amar al prójimo supone ante todo, amarse a uno mismo, que esa y no otra es la medida para interactuar con los demás. Que tenía el deber de pensar en ella, quererse de verdad y anteponer su salud a cualquier preocupación.

Por supuesto, todos sabemos que esto se dice con facilidad, pero no es algo que surja espontáneamente y de forma automática. Tenía que insistir en ello porque Lolita había sido una mujer totalmente entregada a su familia y a su trabajo.

Me constan sus desvelos por la salud e integridad de sus hijas y sus nietos. Me consta también la pasión que le imprime a su trabajo en la radio y la televisión. Claro que todo eso había sido prioritario en su vida; ahora debía concentrarse con preponderancia en ella.

Le recordé esa experiencia que se hace en algunas terapias en las cuales se le dan al paciente un conjunto de cojines que están regados en el piso y se le pide que vaya poniendo uno por uno en un sillón; se le indica que cada uno debe representar a una persona significativa en su vida y debe decir el respectivo nombre en el momento de ponerlo. Así, el sujeto va colocando un cojín y dice "este es mi papá", "este es mi madre", "este es mi hijo", "este es mi amigo fulanito de tal", "este es mi trabajo", etcétera. Cuando termina de colocar todos los cojines, el terapeuta le pregunta: ¿cuál es el cojín que te representa a ti? Resulta que el sujeto se olvidó de sí mismo.

En efecto, tener responsabilidades por los demás puede incluso agobiarnos, pero cuando aparece la diabetes hay que ponerse a pensar en uno y cambiar las prioridades. Lolita me decía que lo entendía perfectamente, pero su corazón no podía dejar de latir por sus seres queridos, yo incluido.

Pero hay que cambiar ese olvido hacia uno y aprender a conquistar el amor por uno mismo. Se trata de una tarea de todos los días, una responsabilidad cotidiana, como el comer adecuadamente, dormir lo suficiente y procurar en la medida de lo posible, de hacer a un lado todo aquello que mortifica o lastima.

El médico le indicó además que dejara de fumar. Yo también fumaba en aquella época y consideré que una forma de mostrar mi solidaridad con ella era justamente abandonar la dependencia al cigarrillo. Se lo comenté y ambos dejamos de fumar. Cualquiera sabe que la dependencia a la nicotina es fuerte y está muy arraigada en los fumadores empedernidos; sin embargo, yo lo entendí como la oportunidad de mejorar —en beneficio de ambos— nuestra calidad de vida.

El menú diario cambió para ella y en consecuencia cambió igualmente para mí. No se valdría que yo exhibiera delante de Lolita platillos o dulces que le podrían incitar su apetito. De modo que me fui habituando a ir quitando paulatinamente el dulce de mi vida. Sin embargo, yo sigo consumiendo azúcar, principalmente para acompañar el café, mientras que ella emplea splenda.

Los chocolates o de los dulces en general los he venido suprimiendo de mis preferencias como parte de mi acompañamiento con Lolita.

Sabiendo que sus defensas suelen estar mucho más bajas que las de una persona sin esta enfermedad, hay que cuidar que Lolita no contraiga desde un simple catarro. Esto significa que a veces tengo que decirle a la gente que la rodea que por favor no se le acerque si está agripada. Eso incluye a sus propios familiares, lo cual no siempre me ha granjeado su simpatía. Ni modo, primero está la salud de mi mujer.

Lolita descubrió con el tiempo las bondades de los suplementos de la Zona de la salud y entró en contacto con los representantes en México, los amigos Orozco de Guadalajara. Desde luego, yo mismo me incorporé al sistema y empecé a consumir el omega 3, grado farmacéutico. Debo reconocer que para mí también fue beneficioso, y lo sigue siendo hasta ahora.

Con el paso de los meses y los años, Lolita se ha disciplinado en su dieta diaria. Muy de vez en cuando se da el lujo de tener ciertas excepciones a las reglas de la dieta para diabéticos.

A nosotros nos corresponde el que se mantenga la regla y las excepciones no se conviertan en lo habitual.

Al principio, en alguna ocasión Lolita me puso fea cara cuando le pedía que no ordenara en un restaurante tal o cual cosa excluida, sobre todo porque ya se había dado anteriormente "su gusto" rompiendo la dieta. Afortunadamente, ella como pocas, entiende bien a la primera y está consciente que un señalamiento oportuno, no es otra cosa más que un signo de amor hacia ella.

De eso se trata el acompañamiento: comprender y tolerar, pero también ser firme y exigente. No es fácil encontrar equilibrios, términos medios, entre las prescripciones y las excepciones permitidas. Sin embargo, debo admitir que Lolita se ha dejado conducir y llevar en medio de esos términos extremos, porque ha llegado a entender perfectamente que su salud depende, precisamente, de esos equilibrios.

Con la diabetes hemos emprendido a recorrer un nuevo camino, juntos. Quizá lo más importante de todo es que ambos sabemos que contamos el uno con el otro. El cuidado y la atención de la diabetes forma parte de la serie de cosas que compartimos, como compartimos las alegrías y las tristezas, los logros y las fallas, los aciertos y las equivocaciones, su carrera como personaje público y mi trabajo como docente universitario. La reciprocidad y el respeto por los tiempos de cada uno han sido la clave para encontrar los espacios de convivencia y de cuidado, que finalmente es un cuidado del uno por el otro. Así, aunque la diabetes está entre nosotros, también es un vínculo de unión amorosa.

Navidad de 2003, en el departamento de Jorge Carpizo. Madrid, España.

En mi tienda de El Paso, Texas.

Cuando sientas tu herida sangrar
cuando sientas tu voz sollozar
cuenta conmigo.

CARLOS PUEBLA

140

LOLA, LOLITA, LOLA...

JOSÉ MONROY ZORRIBAS

Conocí a Lolita hace aproximadamente 19 años. Yo trabajaba en el Consejo Consultivo de la ciudad de México, del cual fui su último presidente, y ella era ya una comunicadora y periodista encarrerada en los medios.

Lolita había iniciado su programa "Hablemos Claro". No sólo tuvo un padrino de verdadero lujo, don Fidel Velázquez —¡vaya tamaño de leyenda, hecha realidad!— sino que dejaba ver, ya, la madera y el enorme potencial que el público percibió de inmediato. Cualidades que más tarde reafirmó, hasta convertirse en lo que es hoy: una líder de opinión, que tiene público, seguidores y auditorios cautivos. Lolita mantiene un altísimo nivel de credibilidad. Además, ha tenido el tino, en su enfoque plural y respetuoso, de entrar a todos los temas y entrevistar a los personajes más disímbolos. Pero hay algo aún más importante: miles y miles de televidentes y radioescuchas se identifican con ella, ya que perciben justamente en ella, sí, a un personaje, pero sobre todo a una mujer de carne y hueso, como cualquiera otra que se encuentra del otro lado del radio o del televisor.

Cuando conocí a Lolita, desde un principio hubo química, química de la buena, reafirmada a cada nuevo encuentro, encuentro de almas gemelas, en un marco afectuoso de respeto, solidaridad y cariño creciente. Así fuimos labrando una relación extraordinaria de hermandad. Esa química permitió que pudiera conocer, muy pronto, la otra cara de la moneda, es decir, a la mujer que está detrás de las cámaras y los micrófonos... ésa, sin maquillaje, la que sufre, llora, ríe, se divierte, canta, baila, procura y ayuda a sus amigos. En fin, conocí a una Lolita que, como dirían los norteños, sus paisanos, muy echada para adelante, siempre con una dosis de adrenalina.

Con mi comadre, nada puede ser, simplemente porque sí. Vamos, hasta tomarse un café, hacerse pedicura, ir de compras, cortarse el pelo, modelarse un vestido, o ver un programa de televisión, siempre tiene otro tono, otro contexto, otro sabor.

Lleva una carga anímica de pasión, de ganas por la vida, de fuerza e intensidad, que hace de verdad, que viva minuto a minuto, como si fuera el último de su existencia.

Un día me llamó y me dijo:

—Compadre, estoy que me lleva ¡el carajo!… Soy diabética.

Yo, desde luego, me impacté, pero nunca, ni con mucho, sabiendo lo que hoy sé por ella, de la diabetes. Con el mismo campanazo que me anunció "su diabetes", tal y como lo narra en este libro, a los pocos días de su diagnóstico, ella me dijo algo así: "a mí no me va a pasar lo que a mi papá: esta maldita enfermedad, no me va a ganar". Es muy interesante ver la forma en que ella escoge sus alimentos cada vez que tiene un compromiso fuera de su casa para encontrar el balance correcto de su ingesta. Su tabla de consumo la maneja perfectamente bien y casi nunca se excede.

Lolita me decía casi desde un inicio de su diagnóstico: "compadre, tú debes dividir tu plato en tres: una tercera parte para proteína como carne, pollo o pescado. Otra, para verdura, evitando las harinosas y la última es para tu fruta".

Y ¡ahí está ella! Peleando, día a día, minuto a minuto, con valor y, con una sensibilidad muy de ella. ¡Ustedes podrán constatarlo en este libro!

Lolita, mi amiga, busca como arropar, piel con piel, a los que mucho les falta, a los pobres y marginados. Por eso, describe, con tanta intensidad, su paso, en el capítulo: "En la campaña, por Guerrero". Conmovida hasta el tuétano por la gente, ella, fue mucho más, que la esposa de un candidato al Senado de la República: era —y es— una gestora incansable.

Lolita, mi comadre, tuvo la bendición de nacer en el seno de una familia sin problemas económicos. Sin embargo, eso no fue motivo para que ella dejara de involucrarse directamente con los problemas de "quien más lo necesita".

Sobre una dieta para diabéticos, donde lo recomendable es comer salmón y cerezas, a Lolita, el tema que más le aflige es: ¿cómo podemos esperar que cuiden su dieta aquellos pacientes diabéticos, a quienes no les alcanza ni siquiera para comprar una lata de sardinas?

Por eso entiendo la vehemencia con la que se ha metido —como es ella, al 1000 por ciento— a "abanderar" una lucha que, en este país, cambie la percepción, sobre el "mundo de la diabetes", y se hagan cosas…en serio, de frente y con resultados.

Lolita es sin duda, ejemplar, monolítica, de una sola pieza, tan humana, como cualquiera, tan mujer como cualquiera. Pero ella es una mujer, con M mayúscula, una mujer ¡de verdad!

Yo tengo claro que la diabetes, nunca será la razón para que baje el telón de su existencia, porque vale la pena ver cómo Lolita se cuida. Cuando comete algún exceso con los carbohidratos, en la siguiente comida retoma su modo de vida sano. Incluso, cuando ha sido su cumpleaños o el aniversario de alguno de sus programas, le sirven una rebanada de pastel, pero ella sólo le da una o dos cucharaditas para probarlo, pero hasta allí. Prácticamente no se hace trampas a ella misma.

Conociéndola, sé que vivirá mucho, por supuesto, con sus escrupulosos cuidados.

Mi comadre, mi amiga…

¡Es polémica y controversial!…

¡Es generadora de debate!…

¡Es una alfarera de cariños! ¡Es una pintora de amores!

¡Es una escultora de generosidades!

¡Es un templo viviente de amistad!…

Por eso, estas modestas líneas van no sólo para compartir, cómo le ha impactado la "enfermedad" sino ¡cómo le viene ganando!

Y también, es un mensaje de aliento, para que otros, todos aquellos que se saben diabéticos, no tiren la toalla antes de tiempo…

La ciencia, los médicos o Dios, como usted quiera, hoy permiten que lo que hace algunos años era sinónimo de sentencia de muerte, hoy pueda ser una compañera de vida, "incómoda", eso sí, pero se puede vivir con ella: la diabetes.

Justo así como lo hace…Lolita de la Vega…mi entrañable amiga.

El Padre José de Jesús Aguilar y yo.

Algunas personas hablan de encontrar a Dios.
Como si Él pudiera perderse...

REFRÁN POPULAR

LA DIABETES ENTRELAZADA CON LA FE

PADRE JOSÉ DE JESÚS AGUILAR VALDEZ

Cuando Lolita de la Vega me preguntó sobre la relación de la fe y el control de la diabetes, vinieron a mi mente dos experiencias.

La primera fue en el confesionario. Yo prefiero confesar a la gente cara a cara, para crear un ambiente personal y cálido; sin embargo, muchos fieles prefieren la forma tradicional para conservar el anonimato. (Es curioso que a través de la voz muestren todo su interior y les dé pena mostrar su apariencia externa.) En aquella ocasión, dije en voz alta las oraciones iniciales e invité a la persona en turno a confesar sus faltas. En ese momento una voz femenina me preguntó:

—Padre, ¿Me va a regañar?

Me extrañó la pregunta. Comprendí que aquella mujer tenía miedo y la animé para que tuviera confianza en el sacramento. Luego le advertí que, aunque a los sacerdotes no nos gusta "regañar", hay ocasiones en que recurrimos a la voz firme para llamar la atención y prevenir males mayores provocados por inconciencia. Me dijo:

—Mi principal pecado es de pensamiento, obra y omisión. He permitido que mis pensamientos sean incorrectos, mis acciones dañinas y no he hecho lo que debería. —La mujer hizo una pausa y continuó— la autocomplacencia insana que le doy a mi cuerpo se me está volviendo un vicio—. Después de esas palabras, aclaró:

—Pero, no piense mal. No se trata de sexo. Mi pecado es sobre la diabetes.

Confesó que le habían detectado la enfermedad desde hacía mucho tiempo, pero no había seguido el tratamiento médico.

Por el contrario, reconoció que continuó comiendo todo lo prohibido y viviendo en completo desorden. Eso la hacía tener un gran sentimiento de culpa que no la dejaba en paz. Por eso buscaba la absolución. Yo necesitaba más elementos para ayudarle en su valoración, por lo que le pregunté:

—¿Cuándo fue la última vez que te confesaste?

—Hace un mes. —Me dijo. Y aunque lo hacía mensualmente, me aclaró que siempre acudía a una iglesia distinta.

Con otras preguntas descubrí que sentía culpa ante Dios y pena ante el sacerdote. Me di cuenta de que algo no estaba bien. Ella vivía confundida. No era posible que se confesara mensualmente y no hiciera nada para controlar su diabetes. Si ella no comprendía las cosas, seguramente continuaría confesándose una y otra vez sin que esto la llevara a soluciones reales. ¿Cómo hacerle entender que Dios no podía ayudarla si ella no se ayudaba a sí misma? En la forma más amable que pude le expliqué el sentido del sacramento. Le dije:

—No se trata de un lavadero de culpas. Para sentirte bien tampoco es suficiente vomitar tu culpa. Si así lo haces, seguirás vomitando una y otra vez, sin poner remedio a tu situación. Para que el sacramento sea un instrumento de ayuda necesitas cumplir con los requisitos que este exige: examen de conciencia, dolor por los pecados, confesión, propósito de enmienda y penitencia.

Le expliqué que el examen de conciencia sirve para ampliar la conciencia y distinguir entre el bien y el mal, lo correcto y lo incorrecto, lo sano y lo destructivo. Luego le dije:

—Cuando hay claridad de conciencia descubrimos los alcances y consecuencias de nuestras malas acciones. Eso nos hace sentir mal, nos duele haber actuado mal. El dolor nos hace buscar ayuda para evitar caer de nuevo en el error. Y la ayuda la encontramos en la confesión. No se trata sólo de confesar el mal sino de reconocerlo y al mismo tiempo solicitar ayuda para evitarlo.

Continué explicándole que una confesión sin propósito de enmienda no sirve de nada. El propósito es indispensable para iniciar una nueva etapa y dejar atrás lo negativo. Finalmente, le expliqué que la penitencia impuesta por el sacerdote consiste generalmente en reparar el daño o en hacer lo conveniente para evitar que se repita. Una vez aclaradas las cosas, le pregunté si ella había cumplido con todos esos requisitos.

La señora reconoció que se había acercado a la confesión sólo para quitarse la culpa. Veía en el sacramento una especie de analgésico para el dolor. La hice tomar conciencia de que es mejor quitar la causa del dolor a eliminar sólo el dolor. Luego, la ayudé a pasar por cada uno de los requisitos o etapas. Gracias a ello, tomó conciencia de la gravedad de la diabetes y todas sus posibles complicaciones. Comprendió que al no cuidarse y comer alimentos dañinos estaba provocando su propia muerte y faltando al mandamiento "No matarás".

Tomó conciencia en que como esposa y madre, tenía la responsabilidad de cuidarse para compartir la vida y el amor con sus seres queridos. Me dijo:

—Padre, yo tenía conciencia de lo que estaba haciendo. Pensaba que era suficiente con confesarme y quitarme la culpa. Por eso seguí igual durante mucho tiempo.

En ese momento le dolió su pecado. No pudo contener el llanto al descubrir la forma irresponsable en que había actuado, dándose cuenta de que estaba haciendo pedazos su vida y la de otros, imaginando entonces que podría dejar huérfanos a sus hijos y viudo a su esposo.

Pero no sólo eso, también comprendió que su vida perdería calidad si no seguía las indicaciones médicas. Traté de calmar su llanto y animarla. Le dije:

—Cuando hay conciencia del error se puede corregir más fácilmente. Ya diste el primer paso. Ahora necesitas, no sólo un deseo de cambio, sino un propósito. Éste incluye planes, acciones y metas concretas para conseguir lo que uno se propone. —Le pregunté qué haría para cuidarse más.

Ella prometió que iniciaría el tratamiento en forma estable y constante, que cambiaría su alimentación y no dejaría de ejercitarse. Cuando llegamos al último requisito para la absolución le pregunté:

—¿Qué penitencia crees conveniente para no olvidar tu compromiso?

En ese momento guardó silencio y luego volvió a llorar. Entre sollozos me dijo:

—No necesito penitencia porque ya la tengo: ayer me quedé ciega y por eso vine a buscar a Dios.

Esas palabras me golpearon el alma. La ceguera espiritual y mental había ocasionado la ceguera física. Por lo menos ahora tenía una nueva luz.

En nombre de Dios le di la absolución. Dios perdonaba todos sus pecados y le ofrecía una nueva oportunidad. Lamentablemente, Él no podía retroceder el tiempo ni evitar las consecuencias de las malas acciones de una diabética. Mientras ella se levantaba y abandonaba el confesionario yo me quedé pensando: "¡Si esta mujer hubiera tomado conciencia antes, las cosas serían totalmente distintas!" De nada sirve la fe cuando no nos hace crecer y acercarnos a los ideales.

¿Cuántos no le piden a Dios que les resuelva sus problemas en forma mágica? pero no hacen el esfuerzo mínimo para cambiar. Para ellos, la fe es como una aspirina que sólo sirve para quitar los dolores de la culpa, pero no para poner fin a los problemas.

La segunda experiencia sobre diabetes y fe la tuve durante la celebración de la Pascua, fiesta principal de los cristianos. En aquella ocasión pregunté en la misa si alguno de los presentes tenía una experiencia de resurrección. Un hombre, llamado Alfredo, pidió la palabra para compartir un testimonio.

Él nos contó que, gracias a la fe, su vida había cambiado. Confesó que era diabético y contó los pormenores de cuando inició su enfermedad. En aquel tiempo tenía una vida totalmente sedentaria y estaba acostumbrado a comer todo tipo de antojos, pasteles, dulces y refrescos.

Se preocupó cuando le diagnosticaron la enfermedad, pero nunca se ocupó de hacer lo conveniente. Esto se le complicaba con la baja estima con la que fue formado. Un enfermizo complejo de superioridad le hacía sentir y aparentar que no necesitaba de nadie, pero, simultáneamente le hacía tener pensamientos fatalistas: "Estoy condenado a la desgracia. Mi fuerza de voluntad no puede enfrentar el reto. Nunca podré cambiar los hábitos alimenticios a los que estoy acostumbrado."

Con esos pensamientos construía su propio fracaso. Era evidente que Alfredo carecía de fe en Dios y en sí mismo. Nunca había fortalecido su voluntad y por el contrario se dejaba llevar por antojos, ocurrencias o sentimientos desordenados. Por eso, cuando se enfrentó a la diabetes, prefirió darse por vencido aun antes de iniciar la lucha.

Su complejo de superioridad le hizo cerrarse a todo tipo de ayuda. Alfredo nos platicó que, en cierta ocasión, se encontró con Ricardo, un amigo suyo de la infancia. Como tenían mucho tiempo de no verse, decidieron tomar una taza de café y platicar sus experiencias. Ricardo le confesó que había caído en el alcoholismo con consecuencias desastrosas: había perdido su trabajo y el respeto de sus hijos, su esposa le pidió el divorcio, su salud mermó considerablemente y, por manejar bajo los efectos del alcohol, estuvo a punto de morir en un accidente. Alfredo nos contó que le impactaron las amargas experiencias del amigo, pero especialmente cuando pronunció la frase: "Yo sentía que mi enfermedad era más poderosa que yo. Sentía que cada vez se hacía mayor y estaba convencido de que nunca podría librarme de ella."

La frase le había impactado porque él se sentía exactamente como lo describía el amigo. Por eso le preguntó: "¿De dónde sacaste fuerzas? ¿Cómo pudiste vencerlo?" Su amigo le contó que había conseguido un despertar espiritual al ingresar a un grupo de Alcohólicos Anónimos, siguiendo sus doce pasos.

Los mismos pasos que, en todo el mundo, siguen otros grupos de autoayuda: los neuróticos y drogadictos anónimos, los comedores compulsivos y muchos más. Ricardo subrayó: "Esos grupos ayudan a encontrar la alegría de vivir enseñando que nadie puede hacer nada por ti, si tú no eres el primero en ayudarte." Alfredo comentó que tuvo curiosidad por saber más de aquellos pasos y le pidió a su amigo que se los explicara.

Él le dijo: "Durante mucho tiempo negué ser alcohólico. Ante ésto, ninguna ayuda podía ser eficaz: ni pláticas, ni oraciones, ni el llanto de mis seres queridos o los peores accidentes. Me faltaba humildad para reconocer mi limitación. Con el tiempo entendí que no hay peor ciego que el que no quiere ver y peor enfermo que el que no reconoce su enfermedad.

El primer paso para la solución consiste en admitir la enfermedad y, también la impotencia para enfrentarla y vencerla. Si no se da el primer paso no se puede avanzar.

El segundo, consiste en creer que un poder superior te ayudará a salir adelante." Alfredo nos dijo que interrumpió bruscamente a su amigo para decirle admirado: "¿Un poder superior? ¡Pero tú, no creías en nada!" Su amigo le explicó: "Los alcohólicos, drogadictos, comedores compulsivos o cualquier otro grupo de ayuda somos testigos de que la fe en un poder superior ayuda notablemente a vencer dependencias o limitaciones."

Luego comprendió la admiración de Alfredo y reconoció: "Yo siempre fui ateo. Reconozco que tuve mucha dificultad para creer en ese poder superior, pero cuando lo hice, sentí que las cosas eran más fáciles. Por eso pasé al tercer paso que consiste en poner la vida y la voluntad al cuidado de un Dios personal."

Ricardo le contó a Alfredo todas las experiencias de fe que vivió y cómo lo fortalecían cotidianamente. Alfredo nos dijo que estaba admirado. No podía creer que en aquella conversación, su amigo, el incrédulo, le estuviera dando lecciones de fe. Nos confesó que en ese momento "se le movió el tapete". Se preguntó si la ayuda que tanto necesitaba para enfrentar a la diabetes sería la fe. Luego nos contó como su amigo le había explicado los siguientes pasos: "Ricardo me dijo que el cuarto paso consiste en hacer una revisión de vida y un inventario con las faltas morales, las malas acciones u omisiones que impiden el control de la enfermedad.

"El quinto paso es admitir ante Dios y ante otro ser humano, la naturaleza de esas faltas. El sexto, consiste en pedir ayuda a Dios, pero ahora con una conciencia más amplia. El séptimo es estar enteramente dispuesto a que Dios nos ayude. El octavo, nos exige hacer una lista de las personas a las que ofendimos o lastimamos. El noveno, pide hacer una reparación de los daños o pedir perdón a quienes hemos ofendido. El décimo consiste en hacer una revisión cotidiana de las acciones y, en caso de que haya una equivocación, reconocerla inmediatamente.

"El onceavo invita a orar y meditar para mejorar el contacto consciente con Dios y, finalmente, el doceavo paso pide que se lleve el mensaje a quienes no conocen esta solución." Después de esta explicación, Alfredo se despidió de Ricardo y se mostró muy agradecido con él.

Su testimonio le había abierto los ojos. Ricardo había caído en lo peor del alcoholismo y ahora era un hombre exitoso que había recuperado su vida. Alfredo nos dijo: "En ese momento pensé. Yo no soy alcohólico pero puedo seguir esos doce pasos para combatir a la diabetes." Al escuchar a Alfredo yo pensé: "No sé si él sea el primer Diabético Anónimo. Pero sería interesante que se formaran grupos así." Alfredo continuó con su testimonio. Dijo: "Como primer paso admití que era diabético y me reconocí impotente para enfrentar y vencer la enfermedad. Dejé de cerrar los ojos y acepté mi limitación humana. Después vino mi conversión. Decidí buscar a Dios, sin saber que él me había buscado todo el tiempo.

"Entré a una iglesia y al ver un crucifijo me pregunté: '¿De dónde tomó él fuerza suficiente para soportar tanto dolor?' Comprendí que sólo cuando se tiene la certeza de que alguien te sostiene y te ayuda se puede vencer cualquier obstáculo. Pensé que para salir adelante podía creer en cualquier poder superior, pero preferí elegir a Dios Padre. Hice a un lado todas las imágenes equivocadas que tenía de él y decidí creer en el Dios vivo que me ama. Así, di el segundo paso.

"Todo comenzó a cambiar radicalmente. Avancé hacia el tercer paso. Puse mi vida y mi voluntad al cuidado de ese Dios amoroso que me había creado con amor. Comprendí que la enfermedad no era un castigo suyo sino simple consecuencia de la limitación humana. También sabía que para salir adelante contaba con su ayuda, la de la ciencia, la de médicos y medicamentos. En ese momento hice un acto de fe.

"Luego vino el cuarto paso. Revisé con detalle mi vida y distinguí entre lo bueno y lo malo, lo correcto y lo incorrecto, lo sano y lo enfermizo. De ahí surgió un inventario por escrito de mis malas acciones y omisiones." Alfredo nos dijo que no le fue nada fácil aceptar sus acciones negativas y sus omisiones. No podía negarlas porque ahí estaban. Confesó: "Fue difícil reconocer que mi cuerpo y mi espíritu tuvieron consecuencias desastrosas por pensamientos incorrectos y la no observancia de las indicaciones médicas.

"Mis acciones y omisiones también dañaron a mis seres queridos: madre, esposa e hijos. Con mi mal ejemplo e irresponsabilidad colaboré para que tuvieran sobrepeso y estuvieran propensos a la diabetes. Afortunadamente pasé al quinto paso donde admití mis malas acciones y omisiones.

"Pero no lo hice en forma sólo personal. Para crear mayor conciencia y compromiso, ese quinto paso lo hice ante Dios, ante mi médico y ante mi familia. Así inicié un trabajo en conjunto y con el apoyo de ellos. Pasé al sexto paso. Pedí nuevamente ayuda a Dios, pero ahora con una conciencia más amplia. En el séptimo paso mi fe maduró y se convirtió en un acto de confianza.

"Comprendí que no era suficiente creer en Dios sino confiar en él y ponerme en sus manos. Estuve enteramente dispuesto a que me ayudara y le dije: 'Confío en Ti'. Después pasé al octavo paso. En el cuarto había hecho una lista con mis errores y cómo me habían dañado a mí, pero ahora se traba de tomar conciencia del daño que una mala acción puede ocasionar a otros.

"Hice una lista de las personas a las que por mi inconsciencia lastimé. Comencé con mi papá, a quien siempre culpé de mi enfermedad, seguí con el médico a quien no bajaba de tonto e inepto, luego le siguieron mi esposa y mis hijos que, por mi mala influencia, tuvieron sobrepeso. Mis malas acciones hicieron que ella sufriera por la disminución de mi potencia sexual y que mis hijos sufrieran al ser víctimas de la burla de sus compañeros.

"También tuve que reconocer que cuando invitaba a una comida o hacía fiestas, elegía el menú menos conveniente para mis invitados". Alfredo se detuvo un momento y continuó: "El noveno paso tampoco fue fácil y por eso estoy orgulloso de haberlo dado. No era suficiente reconocer el daño, era necesario pedir perdón y buscar soluciones. Por eso, pedí perdón por mis malas acciones y busqué la forma de reparar los daños. Desde entonces, sigo las indicaciones del médico, en casa hay una dieta sana y cuidamos activamente nuestra salud."

En ese momento, toda la comunidad se entusiasmó y le brindó un aplauso al expositor. Él lo agradeció y concluyó diciendo: "Parecería que en el noveno paso todo está concluido, pero no es así.

"Los tres últimos pasos ayudan a la perseverancia. De nada sirve llegar a la cima de la montaña si, por un descuido, caemos al precipicio. Ahora vivo constantemente los tres últimos pasos. El décimo me invita a revisar cotidianamente mis acciones. Si encuentro un error, lo reconozco inmediatamente; si caigo en algún antojo dañino o descubro un descuido, lo corrijo inmediatamente. No debemos olvidar que las cosas grandes comienzan siendo pequeñas. El onceavo me hace mejorar mi contacto consciente con Dios mediante la oración y la meditación. Y, como último paso, busco la oportunidad de compartir mi experiencia.

"Si yo encontré una solución a mi problema, sería egoísta no ayudar a que otros la encuentren. El doceavo paso consiste en ayudar a otros para que conozcan la alegría de vivir mediante estos pasos." En aquella misa, Alfredo celebró la resurrección porque había pasado de la muerte a la vida. Reconozco que después de su testimonio, muchos descubrieron que podían vencer a la diabetes, el alcoholismo, la neurosis y otros enemigos a través de los doce pasos. Por eso quiero compartirlos con mi querida amiga Lolita, y sus lectores, recordando la sabiduría del evangelio: "La fe mueve montañas."

Presentación del programa "Frente a Frente".

CUANDO LA DIABETES PEGA EN LA MENTE

LUCY SERRANO

Cuando mi gran amiga Lolita de la Vega me pidió que escribiera unas líneas sobre los aspectos psicológicos de la diabetes, el primer caso que se me vino a la mente fue el de mi único hermano varón, quien desde hace veinte años tiene diabetes tipo 1. Diariamente tiene la necesidad de inyectarse 50 unidades de insulina y ha vivido en carne propia la mayoría de las situaciones que se describen con toda contundencia en este libro.

Mi hermano siempre ha sido una persona de muy buen comer, extremadamente sociable y andarín. En suma, le gusta disfrutar la vida al máximo.

Aunque yo no soy diabética, he tenido la eventualidad de vivir muy de cerca todas y cada una de las fases de la enfermedad: cómo le afectó la noticia inicial, cómo enfrentó su nueva realidad y todos los cambios que tuvo que realizar en su vida para adaptarse a sus nuevas circunstancias.

En mi calidad de hermana, me regocijo al ver que la diabetes no ha hecho que pierda su alegría y entusiasmo; sigue siendo el alma de las fiestas y aprovecha todas las oportunidades que se le presentan para disfrutar plenamente de la vida. A través de él he podido constatar que la diabetes condiciona, pero no necesariamente limita.

Existe un refrán popular que versa así: "Para ser feliz se necesita salud, dinero y amor", y coloca la salud en primer término.

Aunque la mayoría de la gente pudiera estar de acuerdo con esta frase, realmente no se percata de la importancia de la salud, hasta que la pierde.

El impacto inicial al recibir la noticia es el equivalente a un duelo: la vida nunca vuelve a ser como antes. Hay que hacer miles de ajustes, gastos y cambios radicales de costumbres y hábitos regulares. Si de por sí la vida "normal" es difícil de sobrellevar, imagínate cuánto más difícil se vuelve al enfrentar la realidad ineludible de una enfermedad que no se cura pero se controla.

Por más que trates de darte ánimo (quizá consolándote y diciéndote que no eres el único que padece diabetes y que hay enfermedades mucho peores como el cáncer o el sida), no deja de ser una noticia profundamente abrumadora: No te la esperabas, no la querías y ahora no sabes qué hacer. De repente pasas a formar parte de un grupo "diferente", con múltiples restricciones y agobios adicionales para lo cual nadie está preparado.

Por supuesto que tu médico y las diversas instituciones y asociaciones especializadas en diabetes te pueden brindar sus sabios consejos respecto a cómo controlar tu enfermedad, llevar una mejor calidad de vida y no descuidarte al punto de ponerte en peligro de muerte por las complicaciones que se te pueden presentar. Aprender a vivir con la enfermedad generalmente toma tiempo, requiere de paciencia, valentía y de responsabilidad consigo mismo, haciendo acopio de una gran fortaleza interior.

Sin lugar a dudas, uno de los grandes placeres en la vida es comer, ya que no sólo le brinda a tu paladar la sensación agradable de degustar un delicioso platillo, sino que también en la mayoría de eventos sociales (fiestas, bodas, salidas a restaurantes, celebraciones de varios tipos), te encuentras con la "tentación" de exquisitos manjares que ahora te están prohibidos.

El enfermo diabético puede vivir estas restricciones con mucho pesar, como si la vida le estuviera quitando algo que disfrutaba mucho, a lo cual las personas sanas sí tienen derecho.

Otro gran satisfactor en la vida de todo ser humano es el sexo. Tener relaciones íntimas con una persona no sólo te proporciona orgasmos pasionales, sino toda una serie de sensaciones y emociones de cercanía, ternura, protección, seguridad, entre otras.

Asimismo, para algunos caballeros la erección es señal y prueba de su "hombría". Sentir que su vida sexual se puede ver seriamente afectada los frustra, deprime y desespera.

Hoy en día, la gran mayoría de la población vive una realidad económica nada favorable, ya que por mucho que se trabaje apenas si alcanza para cubrir las necesidades básicas de la familia. Tener que efectuar gastos adicionales de manera permanente, (medicamentos, glucómetro, tiras reactivas, insulina, análisis y consultas médicas periódicas) afecta de forma significativa sus finanzas y se convierte en un motivo adicional de preocupación, además del que la propia enfermedad implica. Esto ocasiona irritabilidad, angustia, desesperación y una enorme tristeza.

¿Cómo se puede manejar la parte psicológica ante esta cruda realidad?

No todos somos personas maduras, equilibradas, sensatas y con rasgos de santidad. La mayoría de la gente tiene desde traumas severos hasta poca inteligencia emocional que incluye una baja tolerancia a la frustración.

Por lo tanto, primero que nada es conveniente dejarte sentir la incertidumbre, la tristeza, la confusión, la ira, la frustración, la impotencia, que al principio te pueda generar recibir esta noticia. Mientras más en contacto estés con tus emociones y no las reprimas, más rápido las puedes superar. Si para ti es necesario llorar, gritar, enojarte, reclamarle a Dios, culparte por tus malos hábitos que pudieron haber contribuido a desencadenar la diabetes, date permiso de hacerlo. Inclusive una buena técnica es poner tus emociones por escrito para que las puedas ventilar de una manera segura y sin afectar a terceros.

Una vez pasado el impacto inicial y al darte cuenta de que la vida sigue adelante, es hora de poner manos a la obra.

Cuando finalmente aceptamos la realidad, por mucho que NO nos guste, más pronto podemos tomar acciones firmes y decididas para mejorar nuestra calidad de vida. Por lo tanto, una vez que te sientas más tranquilo/a, ha llegado el momento de informarte ampliamente de todas las formas posibles, aprovechando la experiencia de médicos, pacientes e instituciones para recibir el apoyo y la orientación necesarios, y así manejar de la manera más adecuada tu situación.

Si esto lo llevas a cabo con una actitud asertiva, optimista y proactiva, pronto podrás adaptarte y puede llegar el momento en que casi ni te acuerdes que tienes diabetes.

Al decir que "casi ni te acuerdes", no me refiero a la negación o al descuido. Lo que quiero decir es que podrás gozar de momentos muy agradables sin estar obsesionado por tu enfermedad y lo que ello implica.

Si sigues los consejos anteriores, es muy probable que llegue el momento en que lleves una vida larga y satisfactoria "casi" normal y que, con algunas modificaciones que te serán tolerables, goces de viajes, comidas, reuniones, trabajo, relaciones de pareja, etcétera.

Nadie niega que la diabetes es una enfermedad muy seria y que debemos tomar todas las precauciones para evitarla, detectarla de manera oportuna y tratarla adecuadamente. Por fortuna, cada día surgen nuevas investigaciones médicas y recursos que hacen la vida de los diabéticos mucho más llevadera.

La decisión está en tus manos, tienes varias opciones:

- Te dejas llevar por el drama y la autovictimización, pensando que tu vida ya se arruinó para siempre, haciéndote la existencia miserable y haciéndosela de cuadritos a los demás.

- Tomas el camino de la imprudencia y falta de amor por ti mismo, cayendo en el total descuido y complicando aún más tu enfermedad.

- Te obsesionas totalmente y vives PARA la enfermedad en lugar de CON ella.

- Eliges enfrentar de manera sana tus emociones, mantenerte constantemente informado, dedicar el tiempo y el esfuerzo necesario a tu cuidado personal, conservando una actitud realista pero con valentía y entereza.

Afortunadamente en la actualidad cuentas con recursos que antes no existían y debes aprovecharlos al máximo. Si aprendes de esta experiencia y decides llevar un estilo de vida sano, estarás contribuyendo de manera significativa a tu paz mental y la de tus seres queridos.

Al leer libros como éste, también estarás colaborando con todas las personas que comparten la enfermedad y las que todavía están a tiempo de prevenirla.

GLOSARIO DE TÉRMINOS MÉDICOS

En este libro se emplean varios términos médicos relacionados particularmente con la diabetes. Como mi intención es que el lector esté completamente familiarizado y tenga un perfecto entendimiento de la enfermedad agrego el siguiente glosario.

Bolo alimenticio ⊱• es lo que se forma en la boca una vez que una masa de alimentos ha sido triturada por los dientes mediante el proceso de masticación y mezclada con la saliva, esta masa blanda de comida masticada y empapada de saliva pasa desde la boca al esófago y estómago mediante la deglución.

Bronconeumonía ⊱• es un proceso inflamatorio, casi siempre infeccioso, que afecta al aparato respiratorio, en concreto a la zona más distal de las vías aéreas (los bronquios), y a los pulmones.

Carbohidratos ⊱• o hidratos de carbono son uno de los principales nutrientes que contienen los alimentos. Los carbohidratos son la principal fuente de energía del cuerpo. Existen dos tipos principales de carbohidratos: los azúcares (como los que están en la leche, las frutas, el azúcar de mesa y los caramelos) y los almidones, que se encuentran en los cereales, los panes, las galletas y las pastas.

Carga genética ⊱• es todo el material genético contenido en las células de un organismo en particular.

Cerebelitis ⊱• se denomina así a la inflamación cerebelosa, la cual puede tener origen en diversas causas como infecciosas, posvacunales y traumáticas entre otras.

Colación ╺• comida o alimento ligero.

Colesterol ╺• es una sustancia soluble en grasa que proviene de dos fuentes:

1. del cuerpo, al cual se le llama colesterol de la sangre y que se sintetiza por el hígado el intestino y otros órganos. El organismo lo utiliza para múltiples funciones.

2. de la dieta, que es ingerido en los alimentos.

El colesterol se divide en dos tipos: las lipoproteínas de densidad alta (HDL, o colesterol bueno) y el colesterol de baja densidad (LDL, o colesterol malo). Al colesterol bueno (HDL) se le llama así porque se cree que ayuda a reducir el nivel de colesterol en la sangre. El colesterol bueno aumenta con una dieta rica en fibra y baja en grasa, y con la práctica regular de ejercicio físico. El colesterol malo se acumula en las paredes de las arterias, formando una placa que dificulta la circulación de la sangre que llega al corazón. Por eso si se tiene demasiado alto el colesterol LDL aumenta el riesgo de padecer enfermedades cardiovasculares.

Colonoscopía ╺• es una exploración que permite la visualización directa de todo el intestino grueso y también, si es necesario, la parte final del intestino delgado. Se utiliza a modo de prueba diagnóstica, permite la extracción de biopsias y la realización de terapéutica endoscópica.

Diabetes ╺• es una enfermedad crónica del metabolismo. Se debe a la falta total o parcial de la hormona llamada insulina, secretada por los islotes de langerhans en el páncreas. Su déficit produce la no absorción por parte de las células, de la glucosa, produciendo una menor síntesis de depósitos energéticos en las células y la elevación de la glucosa en la sangre.

Diabetes tipo 1 ╺• antiguamente denominada diabetes insulinodependiente o diabetes juvenil, se manifiesta cuando el propio sistema de inmunidad de la persona ataca y destruye las células del páncreas que producen insulina. Los niños con diabetes tipo 1 necesitan insulina para poder mantener los niveles de azúcar en la sangre dentro de un promedio normal.

Diabetes tipo 2 ▸• antiguamente denominada diabetes no dependiente de insulina. En contraste con alguien que tiene diabetes de tipo 1, el cuerpo de una persona con diabetes tipo 2 aún produce insulina. Pero el organismo no responde a la insulina normalmente.

Diálisis ▸• es un proceso mediante el cual se extraen las toxinas que el riñón no elimina ya sea que no funcionen por una infección o por algún otro factor que lo haya dañado. El daño renal es una complicación frecuente de la diabetes.

Endocrinólogo ▸• médico especialista en endocrinología, disciplina dedicada al estudio de las glándulas endocrinas (de secreción interna) del organismo.

Enfisema pulmonar ▸• trastorno en el que las estructuras de los pulmones conocidas como alvéolos se inflan de manera excesiva. Esta inflación excesiva resulta en la destrucción de las paredes alveolares, lo que causa una disminución de la función respiratoria y, a menudo, falta de aire. Los síntomas precoces del enfisema incluyen falta de aire y tos.

Epidemia ▸• enfermedad que se propaga durante algún tiempo por un país, acometiendo simultáneamente a gran número de personas.

Glucómetro ▸• son pequeños aparatos computarizados que "leen" la glucosa en la sangre. En todos los medidores, el nivel de glucemia aparece en forma de números en una pantalla (igual que en una calculadora de bolsillo). Si se utilizan correctamente son sumamente confiables.

Hemoglobina glucosilada ▸• es una prueba de laboratorio muy utilizada en la diabetes para saber si el control que realiza el paciente sobre la enfermedad ha sido bueno durante los últimos tres o cuatro meses (aunque hay médicos que consideran sólo los dos últimos meses). De hecho el 50 por ciento del resultado depende sólo de entre las cuatro y seis últimas semanas. Se puede determinar dicho control gracias a que la glucosa es "pegajosa" y se adhiere a algunos tipos de proteínas, siendo una de ellas la hemoglobina. Esto también ocurre en las personas sin diabetes.

Herpes zóster (o herpes zona) ►• es una reactivación del virus de la varicela caracterizada por pequeñas ampollas dolorosas en forma de anillo agrupadas a lo largo de un dermatoma. Coloquialmente, es más conocido como culebrilla o culebrina. Su nombre significa serpiente y cintura. El herpes que ataca zonas del cuerpo diferentes a los genitales, labios, boca, ojos y genitales es normalmente el herpes zóster. El herpes zóster es en realidad una neuropatía, que afecta a los nervios periféricos con o sin manifestaciones cutáneas.

Insulina ►• es una hormona producida en el organismo por una glándula denominada páncreas. La insulina ayuda a que los azúcares obtenidos a partir del alimento que ingerimos lleguen a las células del organismo para suministrar energía. Su déficit provoca la diabetes mellitus y su exceso provoca hiperinsulinismo con hipoglucemia.

Lanceta ►• instrumento que sirve para sangrar abriendo una pequeña cisura. Tiene la hoja de acero con el corte muy delgado por ambos lados, y la punta agudísima que permite que la penetración sea superficial y resulte menos molesta para el paciente. Está disponible en paquetes.

Lepra ►• es una enfermedad crónica causada por el bacilo *Mycobacterium leprae*; *M. leprae* se multiplica muy lentamente, y el periodo de incubación de la enfermedad es de cinco años. Los síntomas pueden tardar hasta 20 años en aparecer. La lepra no es muy infecciosa. Se transmite a través de gotitas expulsadas por la nariz y la boca, en contactos estrechos y frecuentes con los casos no tratados.

Leprosario ►• hospital o lugar en donde se interna a los leprosos.

Leucemia ►• cuando las células sanguíneas inmaduras (los blastos) proliferan, es decir, se reproducen de manera incontrolada en la médula ósea y se acumulan tanto ahí como en la sangre, logran reemplazar a las células normales. A esta proliferación incontrolada se le denomina leucemia.

Mamografía ►• es una radiografía de las mamas, que puede detectar aquellos tumores que, al ser tan pequeños, no han podido ser encontrados por el médico.

Metformina ▸• pertenece a la familia de medicamentos llamados biguanidas. Es uno de los más populares del mundo. Se utiliza desde hace varias décadas en el tratamiento de la diabetes mellitus tipo 2. Los lineamientos internacionales para el manejo de esta patología, recomiendan su uso como primera opción en el tratamiento de pacientes con diabetes tipo 2.

Neuropatía ▸• la neuropatía diabética es un tipo de daño en los nervios que ocurre en las personas que tienen diabetes. Este daño dificulta la tarea de los nervios de estas personas para transmitir mensajes al cerebro y a otras partes del cuerpo. Puede causar entumecimiento o sea falta de sensación o un hormigueo doloroso en partes del cuerpo.

Obesidad mórbida ▸• es una enfermedad muy compleja ocasionada por una obesidad extrema o sobre peso que está entre 50 por ciento y el 100 por ciento del peso corporal ideal y un valor mayor a 39 en el índice de masa corporal.

Omega 3 ▸• los ácidos grasos omega 3 son ácidos grasos esenciales (el organismo humano no los produce internamente), poliinsaturados, que se encuentran en alta proporción en los tejidos de ciertos pescados y en algunas fuentes vegetales como las semillas de lino, la semilla de chía, los cañamones y las nueces.

Pie diabético ▸• trastorno de los pies de los diabéticos provocado por la enfermedad de las arterias periféricas que irrigan el pie, complicado a menudo por daño de los nervios periféricos del pie e infección. La oclusión de las arterias que llevan sangre a los pies puede producir gangrena.

Pre-diabetes ▸• es un estado que se produce cuando los niveles de glucosa en la sangre de una persona están más altos que lo normal pero no lo suficientemente altos como para diagnosticar diabetes. Alrededor de 11 por ciento de las personas con pre-diabetes del grupo estándar o de control del Programa para la Prevención de la Diabetes, manifestaron diabetes tipo 2 cada año. Esto en el transcurso de los tres años promedio de seguimiento. Otros estudios muestran que la mayoría de las personas con prediabetes manifestaron diabetes tipo 2 después de diez años.

Prueba de tolerancia a la glucosa ‣ la prueba más común de tolerancia a la glucosa es la oral. Después de una noche de ayuno, el paciente ingiere una solución que contiene una cantidad conocida de glucosa. Se toma una muestra de sangre antes de que el paciente ingiera la solución de glucosa y de nuevo cada 30 a 60 minutos después hasta por tres horas.

Sacarina ‣ es uno de los edulcorantes más antiguos, se obtiene mediante síntesis química del tolueno o de otros derivados del petróleo. La sacarina es aproximadamente 300 veces más dulce que el azúcar. Se recomienda cuando el uso del azúcar está contraindicado.

Secuela ‣ trastorno o lesión que queda tras la curación de una enfermedad o un traumatismo, y que es consecuencia de ellos.

Simbiosis ‣ asociación de individuos animales o vegetales de diferentes especies en la que todos salen beneficiados o sacan provecho de la vida en común.

Sobrepeso ‣ según la Organización Mundial de la Salud, OMS, el sobrepeso implica un índice de masa corporal (IMC) igual o superior a 25. Estos índices se dividen de la siguiente manera:
- sobrepeso: 25 a 29.9
- obesidad leve: 30–34.9
- obesidad media : 35 a 39.9
- obesidad mórbida : > 40

Tiras reactivas ‣ son soportes plásticos (microchips) de distintos tamaños que contienen los reactivos necesarios fijados en una zona especial de la tira, que en contacto con la muestra de sangre producen una reacción que permite determinar químicamente la cantidad de glucosa en sangre.

Trasplante de riñón ‣ es un procedimiento quirúrgico que se lleva a cabo para reemplazar el riñón enfermo de una persona por un riñón sano. El riñón puede provenir de un donante fallecido o de uno vivo.

Triglicéridos ‣ son la forma química en la que existen la mayoría de la grasas dentro de los alimentos, así como en el cuerpo. Se almacenan en las células grasas. Su exceso en el organismo se vincula con la incidencia de enfermedades de las arterias.

Tubo de ensayo ▸• o tubo de prueba es parte del material de vidrio de un laboratorio de química. Es un pequeño tubo de vidrio con una punta abierta (que puede poseer una tapa) y la otra cerrada y redondeada, que se utiliza en los laboratorios para contener pequeñas muestras líquidas.

VIH ▸• virus de la inmunodeficiencia humana.

Virus del papiloma humano ▸• es un virus que se transmite a través del contacto genital (como sexo vaginal o anal). El VPH puede afectar los genitales de los hombres (el pene y el ano) y de las mujeres (el cuello del útero, la vagina y el ano).

Ken Marcus, fotógrafo de Playboy y gran amigo de papá,
me hizo esta foto es uno de sus viajes a México.
En este momento estaba embarazada de Susu.

Reflexionar y aprender…
¡vaya lecciones que da la vida!

EL ASESINO SILENCIOSO: LA DIABETES

❈

terminó de imprimirse en la ciudad de México
en octubre de 2009. En su formación
se emplearon las fuentes Bembo y Avenir.
El tiraje fue de 20,000 ejemplares.